名师名校名校长

凝聚名师共识
回应名师关怀
打造名师品牌
培育名师群体

眼光远志

本书系深圳市教育科学2019年度规划课题"基于学科核心素养的初中物理问题导学法实践研究"（立项编号：dwzz19092）的研究成果。

本书系深圳市教育科学2022年度规划课题"核心素养导向下初中物理创新实验的开发与应用研究"（立项编号：kyzj4p034）的阶段性研究成果。

本文系广东省教育科学规划2023年度中小学教师教育科研能力提升计划项目"初中物理微新实验的开发与应用研究"（立项编号：2023YQJK147）的阶段性成果。

指向核心素养的初中物理问题导学实践探究

欧阳华乐　主编

中国出版集团　现代出版社

图书在版编目（CIP）数据

指向核心素养的初中物理问题导学实践探究 / 欧阳
华乐主编. -- 北京 : 现代出版社，2024.6
ISBN 978-7-5231-0845-1

Ⅰ. ①指… Ⅱ. ①欧… Ⅲ. ①中学物理课－教学研究
－初中 Ⅳ. ①G633.72

中国国家版本馆CIP数据核字(2024)第081161号

指向核心素养的初中物理问题导学实践探究

主　编　欧阳华乐

出 版 人	乔先彪
责任编辑	刘全银
责任印制	贾子珍
出版发行	现代出版社
地　　址	北京市安定门外安华里504号
邮政编码	100011
电　　话	(010) 64267325
传　　真	(010) 64245264
网　　址	www.1980xd.com
印　　刷	北京政采印刷服务有限公司
开　　本	710mm×1000mm　1/16
印　　张	13.5
字　　数	202千字
版　　次	2024年6月第1版　2024年6月第1次印刷
书　　号	ISBN 978-7-5231-0845-1
定　　价	58.00元

编 委 会

序 言

　　在教育的长河中，教学方法的探索与创新始终是推动教育进步的重要力量。特别是在物理这一需要严谨逻辑思维与实证精神并存的学科中，如何更好地激发学生的学习兴趣和创新意识，培养其独立思考、解决问题的能力，是每位物理教育者都需要深思的问题。

　　《指向核心素养的初中物理问题导学实践探究》一书，正是基于这样的教育思考，对初中物理问题导学法进行了深入的理论探讨和实践总结。书中不仅系统梳理了问题导学法的理论基础、实施模式及教学策略，还结合大量实证调查和案例分析，为我们展示了这一教学方法在初中物理教学中的实际应用效果。

　　首先，在理论探索部分，本书详细阐述了问题导学法的概念、特点和理论基础，并结合新课标的要求，探讨了如何在初中物理教学中有效实施问题导学法，以培养学生的物理核心素养。同时，书中还介绍了基于学科核心素养的问题导学课堂教学模式，为初中物理教师提供了丰富的教学思路和策略。

　　其次，在调查分析部分，本书深入探讨了问题导学法在初中物理教学中的实际效果。这些调查不仅涵盖了学生对问题导学法的接受程度、学习兴趣的提升等方面，还涉及了问题导学法在培养学生物理核心素养方面的具体成效。

　　再次，我们通过一系列研究文章展示了问题导学法在初中物理教学中的实践应用。这些文章涵盖了从问题导学模式的应用、课堂教学中的具体案例到深度学习发展学生核心素养等多个方面。这些实践探索不仅揭示了问题导学法对提高学生学习兴趣和物理核心素养的积极作用，还总结了实施问题导学法的关键要素和策略。这些研究为初中物理教师提供了宝贵的参考，有助于他们更有效地运用问题导学法，推动学生物理核心素养的全面发展。

　　最后，在优秀课例部分，本书精选了多个初中物理问题导学的优秀教学设计案例（其中，有些作品在广东省中小学实验精品课大赛中荣获一等奖和二等奖），这些案例不仅涵盖了初中物理的多个知识点，还展示了问题导学法在不同教学内容和情境下的应用方法和技巧。这些案例不仅为初中物理教师提供了实用的教学示范，也为他们提供了丰富的教学资源和灵感。

　　总之，《指向核心素养的初中物理问题导学实践探究》一书，不仅为我们提供了关于问题导学法的深入理论探讨和实践总结，还为我们展示了这一教学方法在初中物理教学中的实际应用效果。相信本书的出版，将对推动初中物理教学方法的改革和落实国家义务教育初中物理新课标产生积极的影响。

北京师范大学教授

博士生导师

中国A-STEM教育联盟主席

2024年4月26日

前 言

　　三月的微风吹来春天的讯息，溪水淙淙清脆悦耳，树木抽芽长叶，小草随风见绿，让人不由得也想趁着春天奋力生长。校园里的勒杜鹃开得如火如荼，灿烂耀眼的红色沿围墙成了一堵厚厚的花墙。老师们工作依然忙碌有序，正像这火红的勒杜鹃，娇滴芬芳、生机盎然，争奇斗艳、洋溢希望。

　　人是有惰性的，很多时候人们往往满足于既定的拥有，缺乏改变自我及改变现状的勇气和动力，偏安于一隅。年少者挥霍着青春，年长者守护着自己的安稳。日子平淡如水，表面看似平静，实则限制了自己的人生发展和生命质量。这个时候需要有领路人，需要强烈的召唤，需要有攀登的勇气，需要有"人以类聚"的浩气与情怀！于是这样一群有热血的教育人走到了一起，那是几年前的金秋十月时节，欧阳华乐名师工作室在大鹏新区挂牌成立了，20多个成员来自深圳市不同的学校。这是一群对教育教学有着执着情怀的求索者，他们满怀对未来的美好憧憬，迈着坚实的步伐勇往直前、积极探索。

　　大家在教育科研专家欧阳华乐老师的带领下，坚持"需求引领、修行并进，共创共享、共同成长"的理念，秉承"研究、学习、分享、引领、指导和辐射"的宗旨，承载着"科研兴师、科研促教、科研提质"的良好愿望，沿着欧阳华乐老师在工作室成立之初明确的两个研究方向（一是研究在教育教学过程中所遇到的疑难问题，二是研究基于学科核心素养的初中物理教学模式与方法）寻觅着、探究着、分享着……大家在探寻中提升自我，在交流中分享经验，在前行中引领他人。

　　为了提升名师工作室全体成员教育理念与教学技能，欧阳老师引导大家从教育教学实践出发，牢固树立问题意识，留意发生在自己身边的现象与故事，关注自己在学科课堂教学中的实际困难与困惑，把教学与教研有机地结合起来，积极推动教育教学问题的行动研究和应用研究，重点寻求自己学科教学中的创新点和突破点，努力探寻高效教学模式和解决当前教育重难点问题的策略及途径，从而不断优化自身的教育教学行为。

大家借助名师工作室的平台，一直努力行走在教育之路上，把学习视为生活常态，把研究视为工作常态，通过"自主理论学习""教学实践探究""专题研讨培训"和"网络分享交流"四位一体的研学模式，聚焦课程改革，聚焦课堂教学，聚焦师生成长，积极开展学习、培训、研究和分享等活动，探讨教学问题，研究教育规律，分享教育智慧，形成紧密的"学习共同体"。通过对教育教学问题的积极探索，构建完善了"初中物理问题导学"教学模式，并总结提炼出解决相关问题的策略与方法，促进了各成员教育理念的转变和专业技能的提升，让大家在学习、实践、反思及提炼的过程中逐步成长。多年来，工作室以立德树人为使命，以物理课堂教学为主阵地，以问题导学为抓手，倡导构建促进学生核心素养提升的物理循证课堂。课题组成员积极学习、主动探索，并逐渐成长为新区乃至深圳市的名师，在各自岗位发挥着骨干核心作用，正努力践行名师工作室的引领与辐射职责。

阳光总在风雨后。我们一路行走，一路思索，尽管跌跌撞撞，但是我们听到了拔节的声音，看到了工作室成员留下的一路清晰而充满希望的脚印，于是就有了深圳市欧阳华乐教育科研专家工作室《指向核心素养的初中物理问题导学实践探究》教研成果集的付梓。

本书汇聚了教师们多年来教育科研上的思索与心得。这些文字是来自一线教师的真实体验和感悟，扎根于实际，势必对其他同样的困惑者在解决问题和完善自我时起到很好的借鉴作用。我们的教师，在实践中反思、在反思中实践，再实践、再反思，在反反复复的问题与对策思绪撞击中点燃思想的火花，绽放出一道道智慧的光芒。我们的教育科研之路也越来越明晰，我们坚信这是一条广大教师成长的希望之路、必由之路——方向引导探究，探究促进发展，发展成就未来！

因为时间仓促，加之我们底子还薄，有些探究尚较肤浅，敬请各位同人指正和海涵。在本书出版之际，感谢各位领导的关爱与支持，感谢各位同事的关心与帮助；感谢工作室全体成员的理解与支持！大家的理解与支持，永远是我们努力前行的动力！

作者书于深圳

2024年4月8日

目 录

第一章　初中物理问题导学理论探索

第二章　初中物理问题导学调查分析

第三章　初中物理问题导学实践应用

第四章　初中物理问题导学优秀课例

第一章

初中物理问题导学

理论探索

初中物理问题导学法的实践探索与模式建构

深圳市欧阳华乐教育科研专家工作室

2019年7月，本工作室承接了深圳市教育科学规划课题"基于学科核心素养的初中物理问题导学法实践研究"。工作室成员大多在一线从事物理教学工作，经验丰富。他们从课题的研究宗旨出发，瞄准普遍性问题，依托理论，经过3年多的实践探索，凝练出"问题导学法"教学模式。

一、从问题入手，开展课题研究

在课题研究过程中，成员们除了讨论研究中遇到的问题，还经常交流初中物理教学实践中的一些现象和问题。在对它们进行分析和讨论中，发现以下三个问题比较普遍，亟待解决。

一是在物理课堂上，初中学生的课堂表现普遍不积极，对物理学习兴趣不高。尤其是一些基础薄弱的学生，学习积极性更差，经常游离于课堂之外。其原因主要是这部分学生缺少学习物理的动力。二是部分学生在初二刚开始时，对物理学习积极性很高，上课表现积极，作业完成得也很棒。但是一段时间之后，这些学生就失去了兴趣，课堂上不再积极发言，物理学习成绩也开始下降。其原因主要是这部分学生没能继续保持学习物理的动力。三是部分负责普通班教学的教师，在一段时间后往往会感到"心累"。这些教师的课，往往备得也很充分；课堂引入也贴近学生生活，丰富有趣；教师在课堂上更是妙语连珠，讲解生动。但是学生却不怎么配合，教学效果也往往不怎么理想。一段时间之后，教师和学生都觉得"累"！教师讲得累，学生学得累，而且心更累。其原因主要是这种课往往还是传统的讲授课，学生的整体参与度不高和相当一部分学生参与缺失。

能否从根本上解决学生学习物理的动力？能否让学生长期保持学习物理的动力？能否让普通班的教学不那么"心累"？通过三年多的问题导学法研究，本工作室逐步寻找到了一套有效的解决方法。

二、以理论为依据，指导研究实践

如何利用问题导学法开展研究呢？工作室成员的研究主要从教学中的问题入手，寻找或建立理论依据，运用多种策略解决问题，从而形成一种教学模式。

策略一：为了解决学生缺乏学习物理的动力这一问题，工作室成员大胆创新，创作了初中物理光学、力学和电磁学各板块的情景大故事，包括光影魔"术"师、捉"妖"记和原始人与"神"。在教学实践中，工作室成员以"真实"情景吸引学生，引起学生的好奇心。在此基础上根据每一节课的教学需要，工作室成员再创作小故事情景，提炼出每节课的导学"核心问题"。我们认为学生的学习内驱力来源于孩子天生的好奇心和后天的责任心这两个内在动机，我们称之为本源驱动力。这是创作情景故事的理论依据。

策略二：为了让学生长期保持学习物理的动力，我们在教学设计中融入"谜题"环节。选择课本重难点内容，设计"谜题"，让学生在完成一个问题导学环节后，根据给出的提示猜谜，既有利于学生好奇心的保持，也可以稍微放松，活跃课堂气氛。实践证明，猜谜活动可以持续激发孩子天生的好奇心。

策略三：除了采用上面两种策略吸引学生，为了让普通班的教学不那么"心累"，每节课还设计了约三个任务和活动环节，提出"母问题"和"子问题"。关键通过"二次"设计课堂活动，大幅提升学生的参与度。使学生能通过参与活动，积极主动学习，解决导学问题，形成核心素养。本环节的理论依据是余文森教授在《核心素养导向的课堂教学》一书中提出的"学科活动是学科核心素养形成的主要途径，学科知识是学科核心素养形成的主要载体"。

另外，我们认为物理课堂应该保持其神秘性。为了吸引学生，我们大胆砍掉了每节课的课前预习环节。我们认为课堂还应该保持连贯性——应该在完成预设教学目标的过程中,根据学生的课堂质疑因势利导,一气呵成,把每节课都上成教学示范课。因此,我们去掉任务后的及时反馈,整合成综合性较强的课堂检测题目。

三、在融合中创新,形成教学模式

工作室成员在问题导学法的研究过程中,还融合了情景教学法、任务教学法等教学方法,在不断创新中形成问题导学法的独有教学模式。例如,独创情景大故事,把情境教学法从章节拓展到初中物理各板块的教学中。还有把任务教学法与课堂活动相结合,在课堂活动中进行深挖,探索出学生参与度很高的活动方式。另外还有独特的猜谜环节,将谜题与重难点结合,对学生极具吸引力,能激活整个课堂。

工作室成员在教学中融合创新,逐渐形成本课堂模式。基本构架见图1。

本课堂模式的各层次导学问题的设计原则如下。

一是统领教学原则。各层次的导学问题应该概括性很强,要能统领整个教学内容。导学板块的"大问题"、导学章节的"核心问题"及导学任务的"母问题"需要进行提炼,分别起到统领整个板块、章节及任务教学的作用。

二是融合情景原则。各层次的导学问题从教学内容提炼出来后,要与故事情景相融合,贯穿整个教学过程,避免教学和情景脱节。

三是整合拆分原则。这个原则主要针对导学任务的"母问题"及其相应的"子问题"。在模式中我们采用"三三制",即一节课不多于三个"母问题"(任务),每个"母问题"对应的"子问题"也不多于三个。遇到"母问题"或"子问题"多于三个则先尝试进行整合。若无法整合"母问题",则分为两节课进行教学。若分成两节课后"母问题"太少,则将课本拓展内容"科学世界"等纳入教学或拆分"母问题"。若无法整合"子问题"且必须讲,则挑选有挑战性的"子问题"设置奖励问题。

教师采用这种教学模式,在课堂活动中引导学生完成任务,解决多个层次的导学问题,实现"变讲授式教学为任务式教学""变演示式活动为探究式活动"和"变被动式学习为主动式学习"三个转变，解决"学生缺乏学习动力""学生的学习动力无法持续"和"普通班的教学'心累'"三个问题，使学生形成"物理概念、科学思维、实验探究及科学态度与责任"等本学科核心素养，问题导学法教学模式示意图见图1。

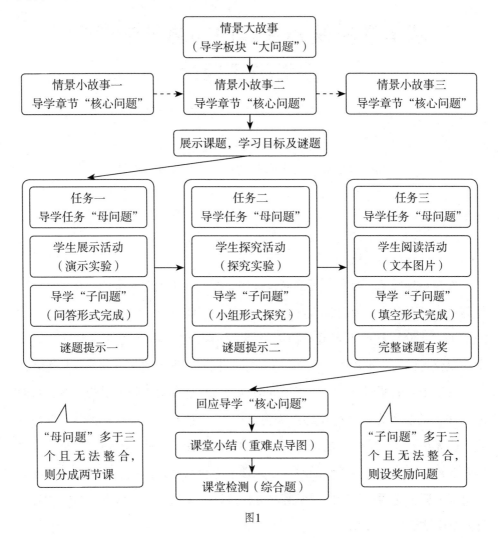

图1

基于学科核心素养的问题导学课堂 教学模式探讨

——以初中物理电学教学设计为例

深圳市南澳中学　梁峰华

深圳市红岭教育集团大鹏华侨中学　欧阳华乐

作为物理教师，难免会听到同行抱怨：有些学生上课不听讲，作业应付，学习根本没有动力。有时候教师在讲台上讲得天花乱坠、声嘶力竭，但是下面坐着的"听众"却面无表情，神游物外。问题出在哪里？学生为什么不爱听课？仅仅是因为物理难吗？课都不爱听、不想听，哪来的学习动力？！笔者认为一个很重要的原因是学生进行了课前预习，提前知道教师要讲的内容，从而造成课堂教学因为缺乏神秘感而失去吸引力。课堂教学无法勾起学生的好奇心，就无法激发学生学习的动力。有些教师的新课引入特别有趣，但是引入之后就变得很平淡；有些教师的教学示范课上得很精彩，但是示范课之后的课就变得很一般。这两种情况的课堂都缺乏持续性，无法使学生获得持续的动力。这是学生缺乏学习动力的另一个原因。

从以上现象分析可以看出，常见的以讲授为主的课堂教学模式存在学生的学习缺乏驱动力的问题。不管是辅以语言激励还是物质奖励，都无法从根本上解决学习缺乏驱动力的问题。丹尼尔·平克在《驱动力》一书中把"驱动力"分为三种。第一种驱动力：生物性驱动力，指人类以及其他动物获得饮食以止饿，饮水以解渴等。第二种驱动力：来自外在动机，指做出特定行为时环境会带来的奖励或惩罚。第三种驱动力：来自内在动机，人们想要主导自己的人生、学习并创造新事物，让自己以及周围的世界变得更好的内在需求"。第一种驱动力在工业革命以前的社会效果显著，人们为了生存必需品甘愿冒险。第二种驱动力在工业社会效果显著，工人为了获得更多报酬会努力工作。第三种驱动力正在信息社会发挥重要作用。现在的学生，一般不缺生存必需品，第一种驱动力失效；也不必为了报酬而工作，第二种驱动力也无从发挥作用；第三种来自内在动机的驱动力在学生身上表现得并不明显，即使有也经不起挫折，很脆弱。如何让这些驱动力在学生的学习过程中发挥作用呢？除了外在动机，笔者认为教师更应该注重学生内在学习动机的发掘与培养，并设法让来自内在和外在的学习动机转化为强大的驱动力，在学生的学习过程中共同发挥作用。

汽车的驱动力来源于它的发动机，学生的学习驱动力到底来源于哪里？笔者认为学生的学习驱动力来源于孩子天生的好奇心和后天的责任心这两个内在动机，可将其称为本源驱动力。余文森教授在《核心素养导向的课堂教学》一书中提出，"学科活动是学科核心素养形成的主要途径，学科知识是学科核心素养形成的主要载体"。以此理论为基础，结合故事情境驱动和奖励任务驱动这两种外在驱动力，笔者构建了基于学科核心素养的问题导学课堂模式。本课堂模式先通过创作"背景故事"生成导学核心问题（以下简称核心问题），实施五个情境驱动环节。再通过创设具体的"驱动任务"生成导学母问题与导学子问题（以下简称母问题和子问题），实施两种任务驱动策略。在课堂教学中，教师引导学生解决多个层次的导学问题，实现"变讲授式教学为任务式教学""变演示式活动为探究式活动"和"变被动式学习为主动式学习"三个转变，解决"学生缺乏学习动力"和"学生的学习动力无法持续"两个问题，使学生形成"物理概念、科学思维、实验探究及科学态度与责任"等本学科核心素养。

本课堂模式主要由故事导入、任务驱动（包括新活动驱动策略和子问题驱动策略）、谜题连接、导图小结和课堂测评五个环节构成。下面主要探讨这种课堂模式各个环节的设计方法、原则、作用和意图。

一、跳出教材创作故事，以好奇心激活课堂

公元3075年，满载货物的"神州25号"飞船正在飞往半人马座α星A。突然遇到宇宙伽马射线风暴，意外坠落到一个原始星球。飞船受损严重，导致宇航员被困在休眠舱内，无法自由行动。一群原始人来到了飞船坠落地点……为了维修飞船，从休眠中醒来的宇航员必须在人工智能"华夏"协助下，教会原始人电学知识，并得到他们的帮助和他们部落的"神石"（能量石）。故事《疯狂原始人与"神"》开启，请所有宇航员思考如何展示"神迹"，才能让原始人相信你是"神"。（2分钟内）

第一集《特斯拉闪电球》：为了展示"神迹"，人工智能决定请宇航员演示"特斯拉闪电球"。请拭目以待……原始人看到了"神迹"，提出问题：为什么特斯拉闪电球内会出现闪电？（2分钟内）

这是笔者创作的电学部分的大背景故事。为了勾起学生的好奇心，故事的时间选择在著名科幻作家刘慈欣的小说《流浪地球》一千年后。当飞往半人马座α星A的"神州25号"货运飞船以动画形式隆重登场，可以说极其吸引学生的注意力，而富有中国特色的飞船名称则可以激发学生的民族自豪感。紧接着情况急转，宇宙伽马射线风暴导致飞船坠落原始星球，受损严重……人工智能"华夏"、宇航员和原始人纷纷登场，为后面的角色扮演埋下伏笔。在简略说明故事梗概后，迅速转入正题，通过要原始人帮助维修飞船就必须教会原始人电学知识，把故事所创设的情境和教学目标联系起来，也成为扮演宇航员的学生要完成的任务和肩负的责任。紧接着宇航员开始向原始人展示第一个"神迹"——特斯拉闪电球，学生带着问题：为什么特斯拉闪电球内会出现闪电，进入"两种电荷"新课学习。

本课堂模式创作的故事可以称为大背景故事，因为《疯狂原始人与"神"》将为学生创设一个具有吸引力的、可持续发展的学习情境，统领整个电学教学。笔者认为故事的创作应遵循以下三条原则：第一，故事要有吸引力。这样才能勾起学生的好奇心，点燃学生的学习热情，从而激活课堂。第二，故事要简单扼要，不必面面俱到，否则容易喧宾夺主，影响课堂教学。故

事创作最好遵循"冰山原则",不妨大量留白。故事的留白部分可以给教师更大的发挥空间进行教学设计,也给学生更广阔的想象空间。第三,故事要以科学事实为依据,创造"真实的情境"。故事可科幻而不可玄幻,选材建议以科幻类、探险类、游记类、历史类和魔术类为主,不建议取材玄幻类、游戏类或仙侠类。如《疯狂原始人与"神"》就是科幻类故事,故事里面的"半人马座α星A""伽马射线风暴"等都是真实存在的,而"神"是带了双引号的,要明确告诉学生,世界上根本没有神,只是科技相对发达而已。但是因为原始人相信"神",为了方便维修飞船,人工智能和宇航员才决定假扮神。

本课堂模式的大背景故事在课堂教学中主要发挥以下三个作用。

第一,故事要能联系教材,生成每节课的核心问题,起到统领每节课教学的作用。核心问题不要求学生立即能回答,也不需要学生立即回答,课堂引入时点到即止。一般在学生经过整节课的学习活动后,接近课堂尾声时生成核心问题的答案,形成前后呼应,让问题真正起到导学的作用。例如,图1的"电流和电路"第1课时的核心导学问题——"电有什么用"?就会在完成电路的教学之后,通过奖励任务的形式发布,让学生抢答。

第二,故事是模式的"黄金线",起到穿针引线,联系前后章节的作用。例如,紧接着的本章第2节"电流和电路"第1课时的故事是《电有什么用》,而后继的每一节课都有一个约2分钟的引入小故事。通过持续发展的故事将电学的所有教学内容联系起来。疯狂原始人与"神"故事黄金线见图1。

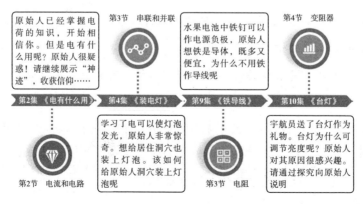

图1

第三，故事的角色设定要有代入感，起到让学生融入故事情境，主动探索的作用。表1是《疯狂原始人与"神"》的角色设定。

表1

主要角色	简称	扮演者
"神州 25 号"飞船受损人工智能	华夏	物理教师
《神秘科学基础知识速查辞典》	《神典》	物理书
"神州 25 号"处于睡眠中的男性宇航员	未来男神	男生
"神州 25 号"处于睡眠中的女性宇航员	未来女神	女生
原始星球上居住的人类	原始人	（存疑）

本课堂模式故事的角色设定要定位明确、幽默简洁、灵活多变。在《疯狂原始人与"神"》中把物理教师定位为飞船上的人工智能，在这里称呼为"华夏"。其实，这个称呼还可以根据上课教师自己的名字灵活变化。因为要假扮"神"，物理课本这个让部分学生头痛的称呼就有些不合适了。故事里"神"用的书一般称为《神典》，在这里为了避免过于神话，就创造了《神秘科学基础知识速查辞典》这一名称。因为宇航员还没有成为原始人心目中的"神"，人工智能就把学生称为"预备神"，但是又细分为"未来男神"和"未来女神"，这样既能激活课堂，也方便课堂教学中展开小组合作与竞争。谁来扮演疯狂原始人呢？教师可以在班里询问，如没有学生愿意。这时候，教师就可以对"神"提出具体要求，达不到要求的学生则要扮演原始人，从而起到鞭策作用，避免个别学生完全不参与课堂活动。

设计意图：好奇心是学生学习的本源驱动力来源之一。课堂教学如何勾起学生的好奇心呢？这就需要教师思考：孩子最喜欢什么？毫无疑问孩子最喜欢听故事。因此，笔者认为勾起学生好奇心的最有效的方式就是讲故事。如果是一个连续的精彩故事会更有吸引力。笔者创作的《疯狂原始人与"神"》故事，就能很好地起到勾起学生好奇心的作用。通过角色扮演使学生融入故事所创设的情境中，使学生在"核心问题"的引导下带着好奇心主动学习。这是本课堂模式解决"学生缺乏学习动力"的方法之一。

二、基于教材设计任务，以责任心驱动学习

社会科学家伯纳特·维那的归因理论认为，"成功人士常常将他们的成功归因于努力（某个内在因素），而那些失败的人倾向于将成功的缺失或失败归因于任务的难度或者运气不好（外在因素）"。丹尼尔·平克在书中把"奖励分为内在奖励和外在奖励。内在奖励指，完成某件事时个人感觉到的满意度。外在奖励指，通过另外一个个体或资源，如金钱、证书或奖品，提供给一个人的外在诱因"。他认为，"对于动机而言，内在目标的价值高于外在目标"。本课堂模式采取将"内在奖励"和"外在奖励"相结合的方式，先通过布置任务赋予学生责任，再通过参与活动和解决问题培养其责任心。设置的内在奖励主要是学生完成任务获得的成就感；外在奖励主要是学生解答特定问题获得的奖品。教师根据学生课堂表现，逐渐减少任务给予的外在奖励，引导学生将成功或失败都归因于自身的某些内在因素，如其是否积极参与学科活动或认真思考并积极回答导学问题等。

本课堂模式的驱动任务呈现的导学问题是母问题，引导学生深入思考。母问题的预设要巧妙，应该是针对任务所对应的教学内容提出。母问题的答案应该是相应教学内容的提炼，不能只有一句话，因此同样不需要学生立即会回答。驱动任务的设计原则包括：①任务即问题。主要以问题的形式发布任务。教师可以通过母问题，统领教材一个核心内容的学习；还可以通过子问题，设置针对某个知识点的学习。②任务即责任。以"请教会原始人"这个明确的要求，通过任务驱动学习，让学生肩负起教导原始人的责任。③任务即动力。在任务产生的责任基础上，通过在问题导学环节发布奖励问题或奖励任务，保持学生学习的动力。为什么要这么设计呢？常规讲授式教学，教师通过知识讲授、实验演示和突破点拨等环节，让学生被动地把课本的知识"搬"到讲学稿上。这样只能解决课堂让学生做什么，而解决不了学生为什么要这么做。长此以往，学习变成机械地重复，课堂变得乏味，学生渐渐也就失去了学习的动力。本课堂模式采用任务驱动方式，突出了学生的责任意识，让其明白完成任务是为了帮助原始人，从而在任务的驱动下主动阅读《神典》，积极思考完成

任务的方法。

任务驱动策略一：重组教材设计"新活动"，以学科活动为路径形成核心素养

学科活动是学科核心素养形成的主要途径。在教师指导下参与学科活动是学生达成学习目标，形成核心素养的主要途径。本课堂模式的学科活动设计是任务设计的延续。为引出子问题，最终解决母问题（完成任务），学科活动往往需要重新设计。下面是"电流和电路"第1课时的任务一、任务二及其对应的学科活动和导学问题，任务三和对应的学科活动比较特殊，在谜题设计后面说明。

任务一：请教会原始人——（母问题）电荷如何形成电流？

活动：为了展示"神迹"，人工智能"华夏"决定在男、女宇航员中各抽取一位，上讲台向原始人演示小灯泡持续发光。黑板上现有六个实验器材（六个实验器材见图2），选取三个用导线连接（开关必须选择）。请所有宇航员思考如何完成任务，准备被抽取（3分钟内）。

【导学问题】"华夏"对宇航员的表现很满意。善于思考的原始人提出以下问题，请你查阅《神典》，组织好语言，3分钟后开始解答原始人的疑惑（回答限时60秒）。

子问题1：怎样才能让小灯泡持续发光？

子问题2：小灯泡持续发光表明什么？

子问题3：金属内的自由电子怎样形成电流？

图2

任务一对应的学科活动基于教材第36页的"想想做做"重新设计。原内容为：

"有如下器材：小灯泡、小电动机、蜂鸣器各一个，一个开关、一节电池（带电池盒）和一些导线（图15.2-1）。先后三次连接电路，分别使小灯泡亮、电动机转、蜂鸣器发声。小灯泡、电动机、蜂鸣器要受开关的控制。"

新活动中，将采用摇号形式抽取男、女宇航员各一位。他们同时上讲台完成任务，先抽到的宇航员有优先选择权。学生连接电路、检查后闭合开关。发现一个小灯泡持续发光，另一个不发光，形成鲜明对比。接着教师引导学生提出质疑：为什么会这样？然后通过对比两种连接，得出结论：要让小灯泡持续发光，不仅要"连成闭合的回路"，还必须有"电池"。两者相对比，显然新活动教学效果更好，学生的参与度也更高。有利于落实"让学生学会连接电路"和"让学生经历探究从实验中归纳结论的过程，形成安全操作的初步意识"这两个教学重点，还有利于学生"科学思维、科学态度"等核心素养的养成，同时也为任务三的教学埋下伏笔。

任务二：请教会原始人——（母问题）如何区别电流的方向与电荷定向移动方向？

活动：原始人学会了连接电路，但当他们把新实验器材——发光二极管接入电路，闭合开关后，却没有发光。请宇航员查阅《神典》第37页，通过实践，尝试让发光二极管发光（3分钟内）。

【导学问题】"华夏"对宇航员的表现很满意。善于思考的原始人提出以下问题，请你查阅《神典》，组织好语言，3分钟后开始解答原始人的疑惑（回答限时60秒）。

子问题1：回路中有持续电流时，发生定向移动的可能是哪些电荷？

子问题2：物理学家如何规定电流的方向？

子问题3：电路闭合时，在电源外部，电流的方向是怎样的？

奖励问题：为什么发光二极管的正、负极接线对调后就能发光？

任务二对应的学科活动基于教材第37页的"想想做做：利用发光二极管判断电流的方向"重新设计。原内容为：

"发光二极管是一种电子元件，简称LED。它的两根引脚中较长的为正极，较短的为负极。当电流由正极经过LED流向负极时，LED发光，表明它处于导通状态；反之，电流不能从负极流向正极，LED不会发光（图15.2-3）。所以，根据其发光与否可以判断电路中是否有电流及电流的方向。请你将LED接入某电路中，闭合开关，观察LED是否发光，判断电路中电流的方向。"

教材还在图15.2-3中标明二极管的正极和负极，并说明"发光二极管具有单向导电性"。新活动中，教师出示连接好的电路，边讲边闭合开关，看到发光二极管不发光，引导学生检查电路连接，没有发现问题。然后提出疑问：为什么发光二极管不发光？接着布置任务：让学生查阅《神典》自主学习，并主动上台尝试让发光二极管发光。最后提出疑问：为什么正、负极接线对调就能发光？借机转入三个导学"子问题"的学习。两者相对比，显然新活动比原来的目的更明确，能发挥承上启下的作用。

本课堂模式教师要能根据教材内容，每节课设计出2~3个任务。如果一节课的任务超过三个，建议有所取舍，或者分为两个教学课时。在设计任务所对应的学科活动时，为了取得更好效果，要适当使用新器材，淘汰老旧、落后器材。老旧器材容易出问题，落后器材学生几乎没见过，都不利于学生的学科活动体验。而教师要结合当地的生活水平和实际，适当使用一些学生熟悉或新奇的实验器材，既有利于学生的学习体验，也可以激发学生的好奇心。设计学科活动时，要遵循三个原则：一是学科活动与任务相对应，为完成任务而存在。二是学科活动源于教材，重新设计。在学科活动内容的选择上，教材中的演示实验、想想做做、想想议议、小资料、科学世界、科学技术与社会（Science Technology Society，STS），甚至图片都可以作为学科活动的素材。本身比较合适的，直接拿来用作学科活动；不太合适的，则进行重新设计。三是学科活动要设计成学生探究式，为突破教学重难点服务。

任务驱动策略二：重组教材预设"子问题"，以学科知识为载体形成核心素养

学科知识是学科核心素养形成的主要载体。本课堂模式解决子问题是学生解决母问题（完成任务），最终收获学科知识，也是形成核心素养的主要途径。那么教师预设的子问题应该导学什么呢？毫无疑问，应当导学重点、导学难点、导学易错点。此外，还要设置奖励问题激发学习动力，设置奖励任务回应核心问题。导学目标明确了，接下来子问题的设计需要以教师丰富的教学经验为基础，高屋建瓴，根据教学需要重组教材预设子问题。建议以子问题为主，辅以填空题，引导学生通过文本阅读、探究活动解决子问题，获得成就感。教师要对整节课教学有比较深刻的认识，才能提炼出包含本节课重点、难点和易错点的子问题。如果出现一个任务对应的子问题超过三个的特殊情况，则建议设置奖励子问题。

下面，以任务二对应的三个子问题和一个奖励子问题为例说明如何发挥子问题的导学作用。在参与学科活动后，学生带着奖励问题"为什么发光二极管的正、负极接线对调后就能发光"进行深入学习。前两个问题接着任务一的第三个子问题，继续学习本节课难点知识。教师通过板书对比，然后结合任务二所对应学科活动中的电路，突破"对电流概念的理解"这个本节课教学难点。第三个问题属于导学易错点，结合学科活动中的电路讲解电源外部电流方向效果更好。顺便指出电源内部电流方向为"从负极流向正极"，两者相反。最后，在解决以上问题，做好铺垫的基础上，让学生抢答奖励问题，回应活动提出的疑问。

本课堂模式的子问题需要学生通过参与活动、阅读文本、认真思考，总结出答案。解决这些子问题后，就能进一步形成任务所提出的母问题的答案。还要解释一下为什么要重组教材设计活动和预设问题。由于教材上包括本节课在内的一些教学内容的安排不适用于活动探究和问题导学课堂，需要对其进行适当重组。比如利用两个学科活动，把教材的"电流"教学分解成"电流的形成"和"电流的方向"两部分，降低了教学难度，更有利于学生进行探究和解决问题。

设计意图：责任心是学生学习的本源动力另一个来源。课堂教学如何培养学生的责任心呢？这就需要教师通过把学习目标转化为明确的任务来培养责任心。基于此，笔者结合大背景故事和教材内容创设驱动任务情境，给学生布置必须完成的任务——帮助原始人，解决任务提出的问题。在任务情境中，首先实现"变讲授式教学为任务式教学"。其次通过学科活动策略，重组教材设计更符合需要的、能体现物理学科本质的学科活动——宇航员向原始人展示"神迹",以此鼓励学生积极参与课堂探究活动,实现第二个转变。最后通过问题导学策略,重组教材预设更符合需要的、能涵盖教学重难点的各种子问题——帮助原始人,解决他们学习电学知识过程中的疑问,实现第三个转变。同时,笔者尝试通过任务培养学生的责任心,解决"学生缺乏学习动力"和"学生的学习动力无法持续"两个问题。

三、提炼教材构造谜题,以猜谜保持好奇心

本课堂模式主要通过把教材重要知识提炼成"关键词"来构造谜题。在完成每个任务后,教师给出"关键词"作为谜题的提示,答案一般是这节课的重要知识。课堂教学时,每个谜题页预设在15秒内完成。下面通过连续图例说明谜题的位置及作用。谜题的展现过程见图3。

甲　谜题全貌

乙　部分提示

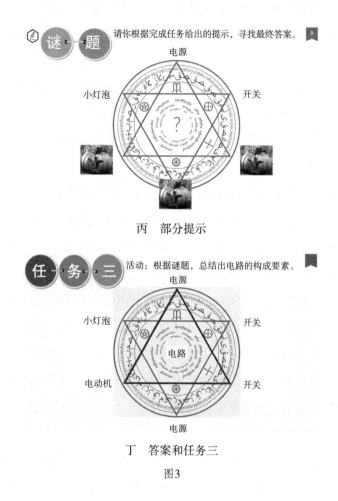

丙　部分提示

丁　答案和任务三

图3

甲图出现在PPT课件的标题页之后，第一个任务之前。教师简单介绍本节课的谜题，动画之后南瓜消失，变成乙图，给出第一个提示"电源"。接着学生完成任务一，动画之后两个南瓜消失，变成丙图，继续给出提示"小灯泡"和"开关"。学生继续完成任务二，动画之后三个南瓜消失，变成丁图，给出所有提示"电动机""开关"和"电源"。这时候就可以让学生猜谜底了。细心的同学会发现图中有六个物品，就是任务一给出的六个。猜出谜底"电路"的同学，教师发给奖品。过程中有学生可能会提出疑问：图上为什么有两个开关或电源？这时，教师就可以趁机把电动机、蜂鸣器接入电路让其工作，总结出用电器的概念，动画后出现任务三对应活动，开启任务三教学。

17

任务三：教会原始人——（母问题）什么是电路？

活动：根据谜题，总结出电路的构成要素，并帮助原始人完成下面填空题（3分钟内）。

填空1：电源、_____、_____，再加上导线，组成可以通过的路径——电路。

填空2：构成电路的各部分的作用：电源的作用是_____；用电器的作用是_____；导线的作用是连接电路；开关的作用是控制电路。

填空3：只有_____时，电路中才有电流。

奖励任务：回答原始人的疑惑——（核心问题）电有什么用？

把任务三放在这里，原因有三个。首先，因为从谜题可以巧妙引入后继的电路教学。前面总结出用电器概念后，播放动画出现粗线三角形将电源、开关和电动机连接起来。同时提醒细线三角形连接的是电源、开关和小灯泡，而图中连线相当于"导线"。这就构成两个完整的电路，从而得出由电源、开关、用电器加上导线四部分组成电流可以通过的路径——电路。其次，这部分内容简单易懂，并非教学重难点，学生接下来完成填空即可达成教学目标。最后，可以在这里通过奖励任务，以区别奖励问题，回应新课引入时原始人提出的核心问题：电有什么用？很明显电的应用很广泛，电流可以使灯泡发光、电动机转动、蜂鸣器发声等。

本课堂模式的谜题构造遵循以下原则：一要与故事创设的情境相融合；二要提炼"关键词"作为谜题提示；三是谜底要灵活多变，可以是关键文字、实验器材、物理学家等。谜题是模式的"铂金线"，可以起到穿针引线，连接任务的作用；起到勾起好奇，保持学习动力的作用；起到凸显关键内容，重现重难点的作用，为后续利用关键词导图来小结学习收获做好铺垫。

设计意图：为了能更好解决"学生的学习动力无法持续"问题，笔者思考：除了故事还有什么能长久让学生保持好奇心呢？答案是猜谜。笔者基于杰罗姆·布鲁纳的概念获得模型——猜想盒策略，结合大背景故事和重难点知识创设谜题情境。这个模型原本是一种帮助学生发展归纳和演绎思维技能的教学途径。笔者利用猜想盒策略帮助学生构建重要物理概念、搭建重要知识的框架等。谜题可以在学习任何重要知识的过程中建设性地、有意义地完成，从而使学生在学习过程中能一直保持好奇心。

四、整合教材构建导图，以关键词转化素养

英国人东尼·博赞发明的思维导图，英文名叫"Mind Map"。它的基本定义是，"思维导图是用于记录发散思维的笔记工具，是一种新的思维模式。它结合了全脑的概念，增强思维能力，启发联想力和创造力"。关键词导图是思维导图的一种灵活运用，具有思维导图的优点：可以让学生思路主次分明，层次清晰；可以让学生同时处理大量信息，可以让学生思维自由丰富而不混乱，还可以避免其"不规整"的缺点。下面选取课件中两个关键词导图的截图进行说明。"召唤阵"导图和"实物图"导图见图4。

图4

图4上图被称为"召唤阵"导图，适用于小结一些较抽象的概念。教师先用浅色三角形，引导学生总结出电流的概念，回答导学"母问题"——什么是电流。再用深色三角形，引导学生总结出电路的构成和各部分作用，回答导学"母问题"——什么是电路。图4的下图被称为"实物图"导图，适用于小结各种测量仪器的特点和使用。教师先播放左边关键词，引导学生总结滑动变阻器，回答导学"母问题"——什么是滑动变阻器；再播放右边的关键词，向学生强调本节课的重难点，回答导学"母问题"——如何连接和使用滑动变阻器；最后，简单提一下生活应用。在这个过程中，学生把课堂学习中还没有完全弄懂的知识，补充完善在关键词旁边的空白处；同时思考知识之间的联系，用彩色笔连接关键词，适当补充，构建属于自己的思维导图，形成知识体系并使知识真正转化为素养。

设计意图：余文森教授在书中还提出，"整体化策略是核心素养导向的教学基本策略之一，通过联系、组织、整合实现知识的系统化、结构化，并使知识真正转化为素养"。因此，笔者尝试结合大背景故事和关键词导图创设课堂小结情境。通过寻找知识的联系，组织母问题答案，整合重难点，构造关键词导图，实现知识的系统化、结构化，使知识真正转化为素养。

五、回归教材改造题目，以测评让素养落地

情境学习理论的学科评价由学习前评价、学习中评价和学习后评价构成，该理论认为学习评价应侧重于学习活动的改进和学习者知识能力的发展。余文森教授认为，"学科考评要整合过程性评价和终结性评价，实现教学与考评的一致性"。本课堂模式为了保持课堂的神秘感，拒绝剧透，同时起到有效减负作用。因而取消课前预习作业，仅采用学习中评价和学习后评价相结合的方式进行课堂评价。学习中评价是过程性评价，由教师对学生课堂上参与学科活动，解决导学问题的表现进行即时评价。学习后评价采用课堂测评方式，既属于过程性评价又属于结果性评价。

测评任务：请协助原始人完成下面测评题目（5分钟内）。

1.（双选）下列是滑动变阻器接入电路的示意图，当原始人向右移动滑片

P，能使接入电路的电阻变大的是（　　　）。

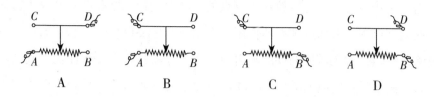

A　　　　　B　　　　　C　　　　　D

2.如图所示，闭合开关前，原始人应将滑片P移到_____处，能对电路起到保护作用。然后闭合开关，要使灯泡变亮，则原始人应该把滑片P向_____滑动（填"左"或"右"），同时可观察到电流表的示数变_____。

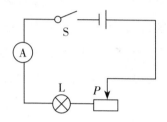

3.如图，当原始人把滑片P向左滑动，变阻器的阻值将变_____，灯泡变_____。若改接A和B接线柱，则无论原始人怎样移动滑片P，电压表、电流表示数均不变。原因是变阻器的阻值_____。

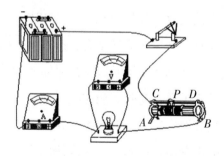

上面是"变阻器"这节课的课堂测评。第1题通过变阻器的示意图，考查滑动变阻器的工作原理和正确连接方法；第2题通过电路图，考查滑动变阻器对电路的保护作用和调节操作；第3题通过电路的实物图，考查滑动变阻器的主要作用和无效接法。通过以上题目巩固教学重点"知道变阻器的工作原理"和教学难点"按要求正确连接变阻器"。

本课堂模式的测评题目改造主要遵循的原则和所发挥的作用包括：①题目改造要重难点化。在吃透教材重难点的基础上进行选题改造，而改造后的题目要能起到巩固本节课重难点的作用。②题目改造要情境化。紧扣大背景故事创设测评情境，起到增加测评的吸引力作用。③题目改造要责任化。起到协助原始人，满足学生的成就感作用。④题目改造要梯度化。从易到难设置，改造有取有舍，使检测任务的题目更有趣，更接地气，起到使整个测评任务达到转化知识为能力的作用。测评任务的三道题目不建议分散到每个任务的后面。第一个原因是学生刚学完知识，还没有经历遗忘过程。题目设置太简单，没有意义；太难，花费时间久，影响后续教学。第二个原因是会打断课堂教学，影响其流畅性。如果插入练习题目，不管怎样都会对流畅性产生影响。第三个原因是不利于从整体考虑设置综合性题目，测评任务无法形成从易到难的梯度。

设计意图：教师通过回归教材重难点对测评题目进行改造，实现课堂教学与测评的一致性。

本课堂模式的整体构建借鉴费曼学习法：核心问题即目标—新活动和子问题即理解—解答原始人疑问即输出—关键词导图即回顾和简化—课堂测评即吸收，强调输出思维和简化思维。整体构建遵循"三三制"原则，即不超过三个导学任务，不超过三个学科活动，不超过三道测评题目，每个任务一般不超过三个对应的子问题。设计过程中如果出现子问题超出三个的情况，则需教师转换思路，进行整合；就算特殊情况无法整合，形式上也要与前面不同。在每个环节后面还有完成活动、问题、检测及总结的时间预设。这样设计的目的是通过倒计时，增加学生的紧迫感，有效利用课堂时间。除了预设时间，教师还可以使用现代化手段，提高课堂时间的利用率，如使用投影笔进行翻页；使用平板拍照，把学生完成的讲学稿投影到大屏幕或使用平板摄像，在大屏幕直播学生的实验探究情况。一些类似任务一的简单学科探究活动，可以通过抽取宇航员进行课堂展示，能更高效地利用课堂时间，达到更好的教学效果。各环节预设的时间只是一种提醒和参考。本课堂模式倡导课堂教学应该在完成预设教学目标的过程中，根据学生的课堂质疑因势利导，一气呵成，把每节课都上成教学示范课。

最后，用下面两幅思维导图总结本课堂模式，见图5。

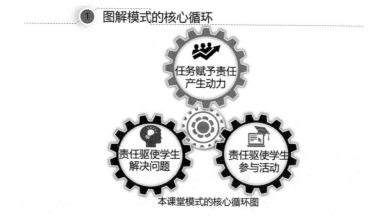

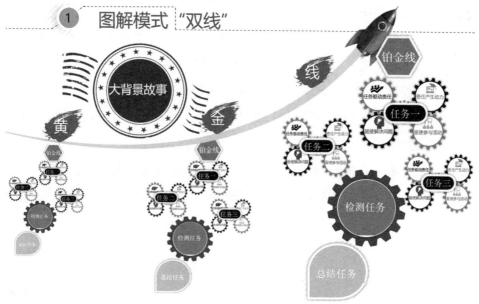

图5

总之，本课堂模式紧紧围绕物理教材进行课堂设计。每节课都在三个层次的导学问题的引导下，通过故事情境和奖励任务，培养学生的责任心，提高学生的自主学习能力。把本学科的核心素养的形成融合在享受故事、参与活动与解决问题、猜测谜底、小结收获和完成测评的过程中，使学生在接受物理教育过程中，逐步形成适应个人终身发展和社会发展需要的必备品格和关键能力，并通过物理学习内化为带有物理学科特性的品质，最终逐渐养成学生自身具有的物理学科核心素养。

参考文献

［1］余文森.核心素养导向的课堂教学［M］.上海：上海教育出版社，2017.

［2］高宏.这样教学很有效：任务驱动式课堂教学［M］.天津：天津教育出版社，2019.

［3］杨计明.问题学法［M］.广州：广东高等教育出版社，2017.

［4］胡庆芳.有效情境创设的40项设计［M］.上海：华东师范大学出版社，2018.

［5］宋莹.思维导图从入门到精通［M］.北京：北京大学出版社，2018.

［6］哈利·弗莱彻·伍德.基于问题导向的互动式、启发式与探究式课堂教学法［M］.北京：中国青年出版社，2019.

［7］丹尼尔·平克.驱动力［M］.龚怡屏，译.杭州：浙江人民出版社，2018.

［8］南希·塞西尔.教师如何提问，学生才会思考［M］.刘夏青，刘明玉，刘白玉，等译.北京：中国青年出版社，2016.

新课标视野下的初中物理问题导学式教学探讨

——以《研究影响滑动摩擦力大小因素》一课为例

深圳市龙华中学　周琴

本文所提及的"问题导学"课堂模式是指学生在学习的过程中，经历提出问题、分析问题、解决问题的全过程。就像科学家解决问题的全过程一样，它也为课外解决同学们遇到的实际问题提供了一个良好的范式。新课标对义务教育物理课程的要求是：物理课程应体现物理学的本质，反映物理学对社会发展的影响；应注重学生的全面发展，关注学生应对未来社会挑战的需求；应发挥在培养学生科学素养方面的重要作用。这一要求也是指导我们一线物理教师教育教学工作的最高指挥棒。针对这一要求，我们在物理教学过程中，应该注重实验活动的开展，在实验中学习知识、培养能力、提升素养。演示实验、探究实验、课外生活小实验等，都是落实学科核心素养的有效途径，实验中的问题提出、问题分析、问题解决、问题反思则是打造高效物理课堂的有效方法。

下面笔者以《研究影响滑动摩擦力大小因素》一课的教学思路来阐述如何利用问题导学这一教学组织形式打造高效课堂，培养学生的核心素养。

《研究影响滑动摩擦力大小因素》是一个探究性实验，学生经历问题的提出、已有经验的分析、问题答案的猜想，以及问题解决方案的设计等过程，其间需要经过讨论与分析、交流与合作、总结与归纳、评估与反思等协同合作的环节。伴随着一个一个问题的解决，一环一环活动目的的达成，学生经历了像科学家解决问题的全过程，不仅增强了学生对问题的解决能力，也锻炼了他们的意志品质，提升了核心素养，为今后更好地适应社会生活奠定了基础。

在"猜想与假设"这一要素的教学过程中，我们可以创设情境，引出问题，并注意引导学生养成根据原有经验和知识合理推测，并努力说出猜想依据的习惯。当学生猜想的基础不充分时，我们要以自己的知识经验，将学生的思路引导到合理的轨道上来。要帮助学生分析猜想的合理性，最终确立可供探究的几个假设。比如，当学生根据斜向上推箱子感觉吃力，斜向下拉箱子感到轻松的生活经验，提出"滑动摩擦力的大小可能跟用的推力或拉力有关"时，由于学生缺乏力的合成与分解的知识，我们可以跟学生说明，上推或下拉箱子，其实是使箱子对地面的压力改变了，这样就将学生的猜想归纳到压力上面了。再比如，学生根据生活经验"越重的物体推或拉起来越费力"猜想"滑动摩擦力的大小可能跟物体的重力有关"，我们要有意识地将重力与压力进行对比，加以区分，让学生理解真正影响滑动摩擦力大小的因素实际是压力的大小。这一环节不仅让学生认识了可能影响滑动摩擦力大小的因素，还为后面学习压强做了一定的准备。这样下来，学生关于影响滑动摩擦力的因素猜想就剩下：①接触面所受到的压力；②接触面的粗糙程度；③接触面的大小；④拉动木板的快慢等。得到了以上四个方面的猜想，我们就可以和学生一起来设计实验，进行验证了。

在"设计实验"的教学过程中，我们要引导学生运用合理的科学方法设计实验。比如，在探究"接触面的粗糙程度"这一因素对滑动摩擦力的影响时，我们可以提出问题并引导学生分析：怎样设计不同粗糙程度的实验场景。学生根据现有的生活经验，自然想到毛巾接触面，课桌（木板）接触面，棉布接触面等；同时设问，那上述的①③④三个因素要怎么处置？学生会给出"保持不变"的答案，这就是物理学研究问题的重要方法之一——控制变量法。再比如，在探究"接触面的大小"这一因素对滑动摩擦力的影响时，我们需要只改变接触面的大小，而保持其他几个因素不变。我们继续追问：怎么做到呢？学生可能会提出"将物体切割减小接触面积"的方案，引导学生分析，这一做法是否可取？如果不可取，那我们又该怎么做，把问题抛给学生，让学生在不断思考中学习知识，提升能力。在实验中还需要测量滑动摩擦力，教材给出的测量方法是利用二力平衡的知识，通过读取弹簧测力计上的示数来间接测量滑动摩擦力的大小，这样必须保持匀速拉动物体，对实验操作的要求颇高，也不便于学生实际操作。课末，我们可以提出新的问题，"对于今天的实验过程你有什么可以改进的地方吗"？留下问题，将课堂延伸到课外。

通过"进行实验与收集数据""分析与论证""评估""交流与合作"等环节，小组内合作完成，在一个个探究环节中，培养学生的动手能力、思辨能力、协作能力，提升学生的物理学科素养。在实验前，小组内部要进行合理的分工。究竟谁做什么呢？这个问题交由组长来解决，原则是：人人有事做，每位小组成员都参与到实验活动中来，都为问题的解决出一份力。让我们的组长学着知人善任，协同全组高效完成实验探究，既学到了知识又锻炼了学生的领导力。同时，我们的老师在该环节又能做些什么呢？首先我们要为学生设置好完成实验的时间，并设定一定的奖励机制，以便实现组间的良性竞争。在实验过程中，我们需要对学生的实验过程进行巡视和指导，及时发现学生在实验过程中的典型问题，并记录下来（拍照或录像），形成有效的课堂生成，为"评估"环节做好准备；实验完成后，引导小组进行讨论，分析实验数据，总结归纳出实验结论。还可以引导同学们进行组间交流，指出问题，互相补充，完善结论。实验结束后，老师还要引导学生对实验过程进行评估，一起解决实验中的典型问题，一起对实验方案进行优化和改进等。在探究过程中形成物理观念、内化科学思维、提升实验探究的能力、形成良好的科学态度与责任，让学生在掌握物理知识的同时也学着运用所学知识解决实际问题的能力。只有每一个探究要素的有效落实才能保证物理课堂的高效开展，才能让我们的物理核心素养真正落地。

在上面的教学思路中，教师须引导学生在观察实验和分析推理的基础上进行猜想，通过实验来验证猜想，得出科学的结论。实验中的问题提出、问题分析、问题解决、问题反思，每个部分学生都真正参与、积极思考，实现了主动学习、高效学习；老师在该堂课中，通过环环相扣的问题设置，把课堂的要点拆解到一个个问题当中，为学生解决真实的问题做了很好的范式。在本节探究性实验课中，学生通过自己的实践构建知识网络体系，掌握解决问题的有效方法，提升分析问题的综合能力，这样的教学思路符合学生的认知规律，也有利于达成了新课标对义务教育物理课程的要求，一定程度上提高了学生的物理学科核心素养，使其能够更好地迎接未来社会的挑战，适应社会。

参考文献

［1］邢红军.初中物理科学方法教育［M］.北京：中国科学技术出版社，
2015.

［2］中华人民共和国教育部.义务教育物理课程标准（2022年版）［M］.
北京：北京师范大学出版社，2022.

［3］刘维志.基于核心素养的初中物理实验教学研究［M］.重庆：西南师范大学出版社，2020.

问题导学下构建物理高效课堂的策略

——以初中物理"浮力实验"专题复习课为例

深圳市红岭教育集团大鹏华侨中学　欧阳华乐

常见的复习课往往是教师按教材的章节顺序把相关知识点快速地复述一遍，然后再安排例题讲解、习题训练和点评等环节，复习课往往变成压缩版的"新授课"或一般的"习题课"等，毫无新鲜感，更缺乏创意。这样的复习课，收不到理想的效果……往往是教师满腔热情地拼命灌输，学生却感到索然无味，积极性受挫，参与度不高，学习兴趣减退，能力的提升收效甚微。

如何克服传统复习课的不足，打造高效的物理复习课堂呢？在新课标背景下，课程改革不断推进，人们对课堂教学方式进行各种各样的探索，"问题导学法"就是其中的一个重要代表，笔者一直推崇并践行"问题导学法"。下面笔者以深圳宝安张能文教师"浮力实验"的一堂专题复习课谈谈如何通过问题导学来构建物理高效课堂。

一、内容分析

"浮力"这一章的主要内容包括"浮力的概念、阿基米德原理、物体的沉浮条件及其应用"三个方面。这些知识之中最关键的就是对"浮力概念及其计算"的掌握。这一切都必须建立在"液体的压强、压力、二力平衡和三力合成"等基础知识之上，因此学生对"浮力概念及其计算"的掌握程度如何，既可以反映学生对初中力学基础知识掌握的程度，又必将影响学生对浮力知识在

29

工业、农业、国防等各方面应用的了解。由于浮力大小等内容比较抽象，而初中学生抽象思维能力又比较弱，本节课选取了本章中两个最关键的实验（浮力 $F_浮$ 与 $G_排$ 有何关系、影响浮力大小的因素有哪些）来系统地设置问题，达到激发学生兴趣，引导学生进行探究，帮助学生理解"浮力"，就显得尤为明智和科学。

二、教学目标

本节课的主要目标为：①会用弹簧测力计测量物体在液体中所受浮力的大小；②会操作、会分析、会论证浮力的大小跟排开液体重力的关系；③掌握物体浮力大小跟哪些因素有关；④会运用浮力公式进行计算。为了这些教学目标，教师精心设计问题，让学生学会分析问题、探究问题和解决问题。

三、教学设计

（一）本节课的引入（问题的引入）

（引入）情境创设：上课开始，教师先在屏幕上呈现一个表格，表格中列出了近五年深圳中考物理试题中有关浮力考点的题型、分值及其考点，教师引导同学们观察表格，看看有关浮力考点中实验题出现了几次？

学生发现有关浮力考点常出现在选择题、计算题、实验题和综合开放题中，分值一般为2.5分至6分，而且出现在实验题中的次数较多（五年中有三次出现在实验题中，占比60%）。

设计意图：从中考物理试题中出现跟浮力有关实验的频次与分值来引入本堂复习课内容，并告知学生"今天我们就来复习跟浮力的有关实验"，把枯燥的复习课仿佛变成了"实验探究课"，既让学生感觉新鲜，更能引起学生的关注与重视，从而激发学生对接下来"浮力实验问题"探究的兴趣与热情。

（二）重点实验的突破（问题的提出、探究与解决）

知识铺垫：在复习跟浮力有关的两个重点实验之前，我们先做个铺垫。大家先看看图1中的三幅图分别是用什么方法来计算浮力的大小。

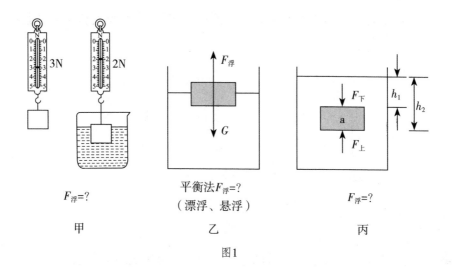

$F_{浮}$=？

甲

平衡法$F_{浮}$=？
（漂浮、悬浮）

乙

$F_{浮}$=？

丙

图1

设计意图： 由于是复习课，教师要帮助学生捋清知识的脉络、构建完整的知识体系。在正式探究跟浮力相关的两个重要实验前，让学生通过观察图形来回顾浮力计算的三种方法（称重法、平衡法、原因法），既锻炼了学生的读图能力，也为学生对第四种计算浮力方法的理解做好知识铺垫，更为学生构建完整的知识体系搭建了阶梯。

活动一（重点实验一）：浮力$F_{浮}$与$G_{排}$有何关系？（核心问题之一）

（1）图2是人教版中的截图，若下列4个分图中的弹簧测力计示数分别为$F_{甲}$、$F_{乙}$、$F_{丙}$、$F_{丁}$，则$F_{浮}$=_____，$G_{排}$=_____。

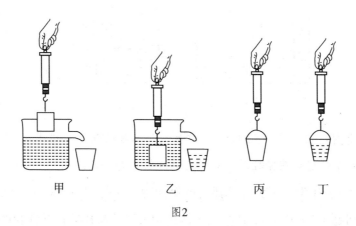

甲　　　　　乙　　　　丙　　丁

图2

（2）【我来当教材编委】你认为最合理的操作顺序应该是_____。

（3）仔细观察下面步骤的示意图（图3），其中会影响实验结果的是甲、乙、丙、丁、戊中的_____。

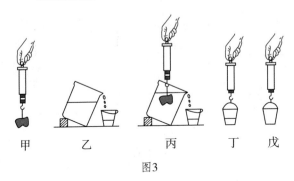

图3

（4）根据第（3）小题中正确的操作步骤可测出物块的密度$\rho_物$=_____（已知甲、丙、丁、戊图中对应弹簧测力计示数分别为$F_甲$、$F_丙$、$F_丁$、$F_戊$和$\rho_水$）。

（5）【我来当教材编委】$F_浮=G_排$这个结论是否适合漂浮的物体？请利用提供的木块及上面原有的实验器材设计实验验证结论$F_浮=G_排$是否成立？（请在下面画实验方案的简图）

（6）把一个物体放入装满水的溢水杯中，如图4（水）物体处于漂浮状态，如图5（盐水）再把该物体放入装满盐水的溢水杯中，实验发现该物体仍处于漂浮状态，此时物体排开盐水的质量_____排开水的质量（选填"大于""小于""等于"）。

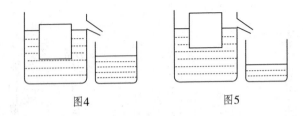

图4　　　　　　图5

设计意图：在"浮力$F_浮$与$G_排$有何关系"的核心问题中设置了6个子问题，通过对这些子问题的探究让学生对浮力的理解更为全面深刻。

问题（1）让学生了解计算浮力的第四种方法是"原理法（或阿基米德原理）"；问题（2）和（3）让学生了解到相关实验操作的科学性和严密性；问

题（3）和（5）让学生明白不要迷信教材，要敢于质疑，敢于挑战权威，旨在培养学生的担当精神；问题（4）和问题（6）让学生能有效运用阿基米德原理、二力平衡等相关知识去解决一些实际问题。

（局部）情境创设：图6中，哪条鱼的说法正确？为什么？

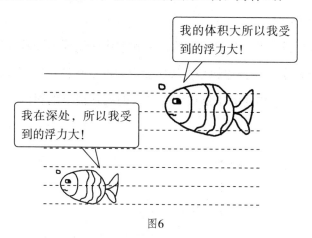

图6

设计意图：在活动二之前，先通过大小鱼"对话"来引导学生回顾"浸在液体中的物体受到的浮力大小与液体的密度、排开液体的体积及物体浸没的深度"等因素的关系，这种"拟人式"对话不但能唤起学生的好奇心，更能够让学生在轻松愉快的心情下进行下一个问题的探究，有利于学生积极地对浮力相关知识的重新学习与构建，为接下来"活动二"的探究扫清障碍。

活动二（重点实验二）：影响浮力大小的因素有哪些？（核心问题之二）

探究"浮力的大小与什么因素有关"的实验中，小明做了如图7一系列实验。铜块与铝块体积相同。（$g=10$ N/kg，$\rho_{水}=1.0\times10^{3}$ kg/m³）

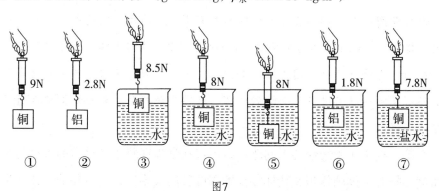

图7

（实验结论类）

（1）三次实验是为了探究浮力的大小与_____的关系。

（2）三次实验是为了探究浮力的大小与_____的关系。

（3）分析三次的实验数据，可知浮力的大小与_____无关。

（图像分析类）

（4）小明绘制了测力计对铜块的拉力和铜块所受浮力随浸入液体深度变化的曲线（如图8所示），描述的是铜块所受浮力的变化情况的图像是_____（选填"*a*"或"*b*"），描述的是铜块所受拉力的变化情况的图像是_____（选填"*a*"或"*b*"）。

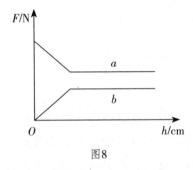

图8

（实验计算类）

（5）铜块浸没水中静止时所受浮力为_____N。

（6）由图7中数据可得铜块的体积为_____cm³。

（7）由图7中数据可得铜块的密度为_____kg/m³。

（8）由图7中数据可得盐水的密度为_____kg/m³。

设计意图： 在"影响浮力大小的因素有哪些"的核心问题中，采取对一系列实验操作从三组不同类型的问题（共8个子问题）来进行探究，这样既可以引导学生对"影响浮力大小因素"等知识点的全面复习，又引导学生对这类实验题的题型及解题思路进行了全面的梳理，让学生对相关实验题题型要求有了全方位的了解。

在第一组（实验结论类）问题中，不仅让学生回顾了"浮力的大小与液体的密度、排开液体的体积及物体浸没的深度等的关系"，更重要的是让学生充分了解了控制变量法的操作要领。

在第二组（图像分析类）问题中，让学生掌握了解答图像分析类题型的基本方法是：弄清三个关键点（起点、拐点、终点）的含义和了解图像曲线运动的趋势。

在第三组（实验计算类）问题中，让学生从实验数据中分别计算$F_浮$、$V_铜$、$\rho_铜$和$\rho_{盐水}$四个物理量，这四个小问题难度逐步加大，使学生对相关计算题有了系统的了解，让学生对浮力等相关知识的认识有了质的提升。

（三）浮力知识的拓展应用（知识的巩固与迁移）

（利用浮力知识设计实验测物质的密度）

请根据提供的器材：橡皮泥、量筒、水，设计实验测量橡皮泥的密度$\rho_泥$。

设计意图：这是一道拓展题，让学生在少了测力计、无法直接测量重力的情况下，设计一个测量物质密度的实验，题目难度较大。对此问题的探究，既可以检查学生对浮力知识的掌握程度，更有利于学生掌握"转换法"，学会知识迁移，提升学生对这部分知识的综合应用能力。

（四）课堂小结（知识的归纳与提升）

提问：本节课我们学到了哪些知识？

（课堂上学生口述、教师点评，课后学生归纳整理）

设计意图：让学生学会归纳整理，同时让学生对关于浮力的知识体系更为科学化、系统化。

四、教学反思（问题导学下构建物理高效课堂的策略）

当今社会的发展越来越需要创新型人才，而传统的教育以传授知识为主，越来越不能适应社会对人才的需求。因此，转变教育观念，改变教学方法乃当务之急。本节课以问题导学教学模式开展教学，取得了理想的教学效果。以本课堂为例，"问题导学下构建物理高效课堂"的策略如下。

（一）树立以生为本的教学理念

为全面有效地提升学生物理学科核心素养，要求教师更新教育教学理念和方法。问题导学法有一定的教学模式，但复习课中，由于知识点多、覆盖面广，需要灵活处理素材才能较好地搭建起知识网络，所以复习课可以参照但不能拘泥于某一固定的教学模式，关键是把握问题导学中"教师导、学生学"这一核心理念，落实"师生角色的转变"这一核心要素，即教师由原来的主讲者、传授者、权威者转变为引导者、促进者、反馈者；学生由原来的依赖者、等待者、接受者转变为探究者、合作者、主导者。

本堂浮力的复习课，从关于浮力的两个主要实验出发，紧紧围绕物理课堂"兴趣和思维"这两个关键因素进行设计，从情景、实验等角度来激发学生的兴趣，从问题设置、活动安排、自主探究、科学引导、小组合作等角度来调动学生思维，充分体现了"以生为本、以学定教"的思想，让学生真正经历"从知识梳理到知识系统化再到能力提升"的蜕变过程。

（二）科学设计教学方案

本节课对教材进行了深加工，采取问题导学法开展教学，注重教学内容和教学目标一致性，取得了较好的效果。教学效果的好坏很大程度上取决于教学方案设计的合理性。一份好的教学方案应该注意以下三点：①教学内容要恰当。其既涵盖了本专题（或章节）所有知识点，又能很好地处理本专题的重点、难点及相互关联的内容，还要符合学生的认知水平。②教学方法要合理。新课程倡导"自主、合作、探究"的学习方式，问题导学法能较好地引导学生自主学习、合作探究，是较为理想的教学法之一。③教学目标要正确。新课标中提出"推动育人方式变革，着力发展学生核心素养"，只有目标正确，我们才能构建出"尊重个性差异、突出学生主体、充满生命活力"的民主课堂。

（三）有效创设教学情境

"如何激活学生学习的兴趣和积极性，让学生主动、积极地参与到学习的过程中来"是我们教师实现有效教学的一个永恒课题，而教学情境创设的宗旨就是为了激发学生的兴趣、调动学生的思维。本节课采取"罗列中考信息、拟人式对话"等方式创设教学情境，有效地激发了学生的兴趣和动力。良好的教学情境应该有以下某些特性：趣味性、生活性、实用性、社会性、时代性、前沿性、激励性等。

（四）合理设置探究问题

本节课围绕跟浮力有关的两个重点实验设置了两个核心问题，而各个核心问题下又分别设置了若干子问题，有核心有主线，概念原理—实验操作—综合计算—拓展应用等，在问题链中的每个问题都应有其对应的地位和作用，有效地融合了"二力平衡、三力合成、液体的压强、浮力的概念、阿基米德原理"等相关知识，由易到难、主次有序、层层推进，使学生的知识、能力和思维在渐进中提升。合理设置的探究问题应具有以下某些特性：针对性、新颖性、层次性、适应性、拓展性、系统性、创新性等。

（五）善于进行整合归纳

复习课往往知识点多、容量大，这就需要教师对所选的问题进行精心的筛选、编排和整合，好的"整合"会使复习过程顺应学生的思维，有利于学生知识体系的构建和能力素养的提升。而"整合"是最考验教师"功力"的，需要教师潜下心来，对复习课有一个通盘的考虑和较精确的预设。

作为浮力实验的专题复习课，本节课既强调了有关实验的操作要领，又介绍了浮力的四种计算方法，还重温了控制变量法，更创新性地归纳出实验题常见的三类题型（实验结论类、图像分析类、实验计算类）及其解题思路的要诀。使学生不仅对浮力概念有了较深刻的认知，还对物理浮力实验题有了较全面的了解，尤其是对解决一些物理问题的正确思维方法有了更深刻的理解。

参考文献

季成平.中考科学复习课有效性的反思：《浮力》复习课引发的思考［J］.浙江教育科学，2014，10（25）：51-53.

备注：本文发表在《师道》（教研）（国内统一出版物号CN44-1299/G4ISSN1672-2655）2023年第8期。

初中物理教学中有效创设问题情境的方式探讨

深圳市红岭教育集团大鹏华侨中学　邱美强

在新课程改革不断深入发展的当下，许多初中教师还在沿用着过去的"填鸭式"教学方式，忽略了对学生个性意识和创新思维的培养，导致他们逐渐丧失了学习物理知识的兴趣，甚至逐渐产生枯燥和乏味的情绪。因此，初中物理教师要采用问题情境创设的方式，通过结合生活实际，激发学生兴趣；应用信息技术，提高课堂效率；利用问题导向，培养思辨能力；融入探究理念，提高学科素养这几大关键方面，为学生未来的学习发展打下坚实的基础。本文将结合笔者自身初中物理教学经验，对该问题进行简要分析，为广大教育工作者答疑解惑。

一、结合生活实际，激发学生兴趣

初中阶段既是学生好奇心发展的年龄，又是学生个性形成的关键阶段。因此，教师在利用问题情境创设法进行课堂教学时，不要脱离学生的认知经验和学生的认知水平，要结合学生的生活实际，促使他们分析出一些生活中常见而又不知其然的现象，让学生在研究生活中和自然中的实例的同时能够产生疑问的情节，以此积极有效地激发他们的好奇心，提高他们的学习兴趣，提高课堂中的兴奋度和思维的活跃度。

例如，教师在进行"分子热运动"的教学时，通过播放某电影中一段课堂上一学生闻到不远处饭堂饭菜香味偷偷咽口水的片段，并提出问题——"该同学为什么能够闻到几十米外饭菜的香味呢？"相对于教材上的"长喙天蛾闻到花香"的实例，这种发生在自己身边的鲜活例子，学生们更觉得特别亲切，一下子就激发出学生的学习兴趣，使其能够迅速进入课堂之中。在学生进入状态后，教师可以让他们采用小组讨论的方式，对问题进行分析，最后每个小组形成一致答案后进行汇报，之后教师进行点评和解析。这样既能促使学生充分思考，提高他们分析问题的能力，也能逐渐培养出他们的合作精神。

二、应用信息技术，提高课堂效率

在信息技术高度发达的今天，传统的"三尺讲台，一抹黑板"的形式早已不适用现代化的课堂。教师要改变传统的教学模式，要学会将多媒体技术融入课堂教学之中，将问题情境创设过程中所需的视频、音频、文字等要素进行融合后展示出来，把抽象、静态、繁杂的物理问题以一种形象、动态、直观的方式展现在学生的面前。网络上的各种资源非常丰富，我们几乎可以找到任何想要的资源与素材。灵活地利用这些多媒体资源，可以创设符合学生认知水平和生活经验的教学情境。

如在"扩散现象"的教学过程中，我们根据教学需要创设不同气体、液体和固体扩散的实验情景。但由于二氧化氮气体有毒，进行演示实验学生难免会有心理负担，采用多媒体模拟该实验的方式，既形象，可视度又高。水与硫酸铜溶液的扩散需要几天时间，金与铅的扩散更是需要几年时间，不可能在课堂上完成的。通过Flash动画和视频模拟它们的扩散过程，展示扩散现象分子无规则运动的微观本质，可以加强学生对扩散现象的理解。这样把生动、形象、直观、感染力强的多媒体技术应用于课堂，起到了辅助课堂教学的作用，同时刺激了学生多种感官，有助于完成教学目标，化解教学难点，提高课堂效率。

三、利用问题导向，培养思辨能力

随着新课程不断地发展深入，初中物理课程的教学方式变得越发多样。传统的物理教学方式则显得过于呆板，难以让学生主动地学习知识，只是进行一味的灌输，导致他们时常处于被动的状态，无法提出观点、表达看法。因此，教师要让初中学生突出自我思想意识，促使其在课堂中进行充分观察，锻炼其思维方式。问题情境创设指的就是依赖于假设将抽象化的事物具体化，教师要把教学的内容与课堂情景进行融合，促使学生能够迅速地代入其中，激发出好奇心理，继而使他们培养出相应的探究与分析能力，提高学习热情。

例如，在"物体浮沉条件"的教学过程中，教师拿着一个用塑料瓶和玻璃药剂瓶制成的浮沉子，告诉学生教师最近获得了一种神奇的力量，可以控制某些物体的升降，然后演示浮沉子在意念的控制下实现上浮和下沉。这个类似魔术的操作易激发学生的激情。这时提出问题：教师真的具有超能力吗？在反复的动作中，有细心观察的学生发现教师在让浮沉子下沉时有用力捏塑料瓶的操作，而上浮时有放手的动作。此时要对这些学生敏锐的观察力给予肯定。接着让一些学生亲自来完成该实验，并进行追问，物体的上浮和下沉取决于什么？学生回答取决于浮力和重力的大小关系。继续追问，为什么用力捏塑料瓶浮沉子会下降？学生进行激烈的思考与讨论，发现用力捏可以将水压入玻璃药剂瓶中，增大了药剂瓶的重力，重力大于浮力，就下沉了。通过创设情境，不断地追问，引导学生积极地进行讨论和思考，极大地培养了学生的思辨能力。

四、融入探究理念，提高学科素养

物理是源于生活的科学，它是人类对于现实生活中现象总结的一种高度凝练。物理学科的核心素养包括物理观念、科学思维、实验探究、科学态度与责任四个方面。实验探究是物理学科核心素养的重要内容，是物理教学过程中不可或缺的重要内容。它指，在教师的引导下，让学生积极主动参与到科学实验探索过程中，教师引导学生体验科学家们的探究过程，模拟科学家分析问题、解决问题的过程，使学生体会科学家如何面对疑难情境，学会收集和加工需要的新资料，最终达到问题解决的探究过程，从而获得在真实生活情境中发现问题、分析问题、解决问题的能力的教学活动，最终实现学生的创新精神和实践能力的培养目标以及教师提高教育教学水平和质量。

例如，教师在进行"焦耳定律"的教学时，提出电流通过导体时产生的热量跟哪些因素有关这一问题。通过电吹风的电热丝跟与之串联的导线的发热情况等例子引导学生做出猜想：电热可能跟电阻、电流和通电时间等因素有关；并引导学生运用控制变量法设计实验。这时学生会面临一个问题，如何判断和比较导体产生的热量多少？组织学生进行小组讨论，小组代表发言，提出将电热转化成容器内液体的体积变化量，或转化成液体的温度变化量，或转化成容器内气体体积的变化量，或者有学生提出利用温度传感器形象判断导体的发热情况，等等。教师对各组的意见进行评析，分析各种方法的利弊，并强化物理实验中常用的转换法的运用。接着根据实验方案进行实验收集数据并得出结论。整个过程中创设了具有民主性、平等性的课堂氛围，教师以组织者、引导者和合作者参与到课堂中去。以学生分析、讨论为主，在教师引导的基础上，让学生亲历科学探究过程中的各个环节：问题—猜测—验证—结论—创造—发现，利于培养学生的逻辑思维能力和归纳总结能力，提高学生物理学科的核心素养。

五、结语

综上所述，初中物理教师在进行课堂教学时，要采用问题情境创设的方式，坚持做到以上几大方面，解决现有的教学问题，继而在提高教师自身教学水平的同时，也让学生的初中物理学习生活得以升华！

参考文献

［1］黄胜. 初中物理教学情景创设的问题及对策分析［J］. 新教育时代电子杂志（学生版），2019（41）：167.

［2］陈久益，王淑臻. 浅谈问题情境模式教学在初中物理教学中的应用［J］. 课程教育研究，2019（10）：183–184.

备注：本文发表于《学习周报（学科教研）》2020年第31期，刊号CN54-0014。

基于问题导学的初中物理单元教学设计研究

——以透镜及其应用为例

深圳市红岭教育集团大鹏华侨中学　高雄武

在知识爆炸的今天，人们获取信息和知识的渠道越来越多元化，在学科教学中单纯地教会学生一些已有的学科知识将变得越来越没有价值。另外，一味地让学生自主探究，把所有老路全部重走一遍，也没有意义和必要。因此我们广大教师，迫切地需要改变传统的教学理念，让自己的教学朝着有利于学生身心发展、有利于核心素养的培养的方向转变，让学生的学习变得更有价值、更有意义。一句话归纳：要让学生实现深度学习。

深度学习是指，在教师引领下，学生围绕着具有挑战性的学习主题，全身心积极参与、体验成功、获得发展的有意义的学习过程。

为了让学生达成深度学习，笔者在教学中做了非常积极的尝试，以下是一个基于深度学习的单元教学设计实例。

一、透镜及其应用单元教学设计——保护眼睛，照亮心灵

（一）吃透课标，研究教学内容，寻找切入点，确定核心主题和情境

人教版八年级上册第五章"透镜及其应用"共有5节内容，与以前老版的教材相比，现有教材将"生活中的透镜"一节内容前置，放在"凸透镜成像的规律"之前，让学生的学习从生活中的实际应用走向物理规律，从一定程度上契合了学生的认知规律。但整体来说，全章还是以物理知识结构为线索展开学

习，学生参与感、体验感不高，不利于深度学习的达成。

根据《义务教育物理课程标准（2022年版）》，本单元要做到四个"了解"：了解凸透镜和凹透镜对光的作用、了解凸透镜成像规律及其应用、了解人眼成像的原理、了解近视和远视的成因与矫正；一个探究：探究凸透镜成像的规律；一个意识：保护视力。

经过对内容的重新梳理，结合学生的认知特点和情感因素，笔者提炼了一个核心线索：眼睛；进而确立了本单元的主题："保护眼睛，照亮心灵"。围绕这个主题，笔者将第五章的内容进行了重新整合，最终组合成四个专题，即单元教学"保护眼睛，照亮心灵"教学内容安排见表1。

表1

专题	涵盖的知识点	课型	课时
1. 眼睛是怎么工作的	第4节"眼睛和眼镜"中的"眼睛"； 第1节"透镜"中的凸透镜相关知识	新授	1
2. 神奇的晶状体	第3节"凸透镜成像的规律"	实验	1
3. 来自眼睛的警报	第4节"眼睛和眼镜"中的"近视眼及其矫正""近视眼及其矫正"； 第1节"透镜"中的凹透镜相关知识	新授	1
4. 突破眼睛的局限	第2节"生活中的透镜"； 第5节"显微镜和望远镜"	新授	1

（二）任务拆解，循序渐进地实现深度学习

对于每个专题，拆分成若干个教学环节，设计若干个问题或任务，教学活动就围绕这些问题和任务来推进。对于每一个问题的解决或者任务的完成，通常采取小组合作的形式进行。教师给学生提供学习材料、实验器材，必要时提示研究方法、解决思路，然后分别交给各小组，让其在规定时间内完成。时间到了，随机抽取小组发言人展示学习成果或者研究结论，接着开展组内和组间互评，最后教师适当给出正面的、有建设意义的评价。（下文中采取此种形式的教学过程标注"小组完成"）

在若干环节中，围绕几个有层次的问题，经过几轮循序渐进的小组合作学习，学生在不断地发现问题（或接收任务）、寻找方法解决问题、遭遇挑战、想尽办法克服困难、体验成功，在这一过程中，达成深度学习。

各专题的主要教学流程如下。

1. 眼睛是怎么工作的

（1）引入：以视频和生活实例引起学生对眼睛的高度关注，从而确立本单元的学习主题："保护眼睛，照亮心灵"，也为本单元的学习设立了一个大的学习情境。

（2）问题1：眼睛的主要结构有哪些？

提供阅读材料、图片、实物模型。（小组完成）

（3）问题2：你认为在人眼成像的过程中，最关键的部件是什么？它有什么特征？

让学生充分讨论，积极发言，将学生的注意力吸引到晶状体上，指导学生观察晶状体模型的外观特征。

（4）教师归纳：晶状体是凸透镜，界定相关概念（凸透镜的定义、主光轴、光心）。

（5）问题3：凸透镜对光线有什么作用？

提供分组实验器材（激光笔、凸透镜）供学生分组实验，发现凸透镜的特征。（小组完成）

（6）教师引导出焦点概念，并适当拓展到生活中的类似透镜。

问题4：在森林里游玩为什么不能随意丢弃矿泉水瓶？

延伸：保护环境，良好习惯的养成。（小组完成）

（7）教师定义焦距。

问题5：如何测量凸透镜的焦距？

提供实验器材。（小组完成）

（8）任务：通过学生活动寻找三条特殊光线的折射规律。（小组完成）

（9）作图练习，组内互评。

（10）小结与作业。

2. 神奇的晶状体

（1）引入：用眼球模型光具座演示晶状体的成像情况，激发学生对晶状体神奇作用的浓厚兴趣，引发他们对晶状体成像情况的思考。

（2）教师用教具在光屏上呈现凸透镜的不同成像情况。

问题1：凸透镜成不同的像的决定因素是什么？（小组完成）

（3）问题2：凸透镜成像有什么规律？（小组完成）

为了降低此问题的难度，在教学中做了进一步的任务分解，安排四个学习小组分别完成在光屏上成倒立放大、倒立等大、倒立缩小、正立放大的像时，物距多大，与焦距有什么关系，与像距的关系如何，像是虚像还是实像。四个学习小组都将实验数据和结论汇报给最后一个小组，最后的小组汇总所有的数据，总结成像规律，向全班同学汇报。其他小组对他们的结论进行质疑和评价。

（4）完善凸透镜成像规律，提供助记口诀。（教师讲授）

学生借助口诀理解、记忆成像规律，小组内成员互考。

（5）小结与作业。

3. 来自眼睛的警报

（1）引入：从班级众多戴眼镜的同学引入，引起同学对眼睛健康的关注。

（2）问题1：人眼是怎么看清远近不同的物体的？

演示实验：注水凸透镜模拟晶状体成像的实验（通过改变厚度来调节焦距达成目的）。

（3）问题2：为什么班上超过一半的同学眼睛近视了？

学生热烈讨论，相互分享"经验"，总结教训，归纳原因。

（4）教师用注水凸透镜模拟近视眼的成像情形，并分析原因。

拓展：如何保护视力，呵护健康？良好习惯对人的一生有什么影响？

（5）问题3：如何让近视眼看清远处的物体？（小组完成）

学生讨论得到三种途径：理论上可以缩小像距、增大晶状体的焦距（变薄），实际中大家几乎都是佩戴了近视眼镜。

教师不失时机地把学生的关注点转移到了近视眼镜上来，随即抛出下一个问题。

（6）问题4：近视眼镜是什么样的透镜？它是怎样矫正近视的？

学习凹透镜的相关概念。（教师讲授）

通过学生实验认识凹透镜对光线的发散作用。（小组完成）

引出虚焦点的概念，对三条特殊光线的作用，并与凸透镜进行对比。（教师讲授）

至此，就可以完整地回答问题4提出的问题了。（小组完成）

（7）问题5：老年人为什么会眼花？

学生阅读教材，寻找成因。

教师总结，提示关爱老人，珍惜青春时光。

（8）问题6：远视眼如何矫正？

教师用注水凸透镜（晶状体）和普通凸透镜（远视眼镜）进行成像演示实验，模拟远视眼镜的矫正作用。

（9）小结和作业。

4. 突破眼睛的局限

（1）引入：眼睛虽神奇，但有诸多局限（列举），引发学生的思考：人的先天条件有限，只有依靠科学技术才能帮助我们的眼睛突破局限。

（2）问题1：看过的场景记不下来怎么办？

学生讨论解决方案：拍照和摄影。

教师介绍照相机的原理。

问题：照相机工作在凸透镜的哪个区间？思考后，全班同学一起直接回答。

（3）问题2：照相机拍下来存在胶片（感光材料）上的图片太小了，如何放大还原出来？

学生讨论找到解决方案：让胶片置于凸透镜的一到二倍焦距之间就能实现。（小组完成）

教师介绍投影仪的工作原理。

（4）问题3：物体太小了看不清楚怎么办？

学生：放大镜。

教师介绍放大镜的成像原理，总结其成像特点。

（5）问题4：用了放大镜，还是看不清，想再放大可以吗？

解决方案：显微镜，介绍显微镜的发明故事。介绍显微镜的结构和工作原理。（教师讲授）

（6）问题5：太远的物体看不清怎么办？

学生：望远镜。

教师介绍望远镜的结构和工作原理。

讨论：用望远镜看到的像比实际物体大还是小？（小组完成）

（7）小结和作业。

（三）适当布置拓展作业，使学生的学习向更深、更广的维度延伸

单元教学"保护眼睛，照亮心灵"拓展作业设计见表2。

表2

专题	拓展作业	设计意图
1. 眼睛是怎么工作的	孟子曰："存乎人者，莫良于眸子。眸子不能掩其恶。胸中正，则眸子瞭焉；胸中不正，则眸子眊焉。听其言也，观其眸子，人焉廋哉？"达·芬奇说："眼睛是心灵的窗户。"怎么理解这些话？请你跟同学和家人讨论后再发表自己的看法	了解中外传统文化的源远流长，体会古人的智慧和思想。明白做人要表里如一的道理。在同学们心里埋下弘扬真、善、美的种子
2. 神奇的晶状体	本节未设计拓展作业	
3. 来自眼睛的警报	1. 了解激光矫正视力的原理和技术，调查周围做过激光手术的人。2. 调查家里和身边的老人的老花眼情况，想一想，我们能为他们做些什么	1. 明白解决问题有不同的角度和方法，不能墨守成规；了解和体会科学技术对人类的巨大影响。2. 培养学生尊老爱幼的良好品德，潜移默化中形成珍惜时间，珍爱生命的观念
4. 突破眼睛的局限	1. 自学"探索宇宙"部分内容。2. 查阅资料，了解中国"天眼"相关知识。3. 用两个凸透镜分别组成显微镜和望远镜进行观察，描述观察结果	1. 拓宽学生的视野，意识到人的渺小，树立尊重自然和客观世界的观念。2. 了解我国科技的发展，增强民族自豪感。3. 锻炼学生的动手能力，体会物理世界的奥妙，体会物理发现过程中巨大的成功感和获得感

二、透过本课例一窥初中物理大单元教学中达成深度学习的策略

（一）课前为深度学习做好知识准备

深度学习强调学生对知识的建构，应把课程标准的要求转化为具体的学习目标，依据目标设计学习任务，通过学生的活动完成学习任务，进行系统建构。大单元教学设计正是基于从学生的实际认知出发，把学科单元知识进行重新建构，让学生更容易接受和理解。在本文实例中，以"眼睛"这一学生最熟悉的事物作为切入点，全单元内容都围绕眼睛展开，从结构到功能，从内到外，从健全到障碍，从局限到突破，从物质到精神，构成了一个完整的知识体系，让学生能把相关知识全部整合到这一中心线索上来，建立个体的知识结构体系。

（二）课堂是深度学习发生的最主要场所

1. 以情境贯穿始终，助推深度学习的达成

概念的建立需要创设情境，规律的探究需要创设问题情境，应用知识解决具体问题应结合具体的实际情境。因此，在单元教学过程中，情境的创设非常重要。在本文课例中，全章有大线索——眼睛，每个主题、每个环节都围绕这条线索创设出一系列具体的情境，所有的情境构成一个有机的整体，成为学生构建自己的知识体系的重要的线索链。

2. 以问题导学，启迪思维、锻炼能力

问题导学能将单一教学多元化，从而调动学习主动性，提升学生素养。本文实例在教学中充分发挥了问题导学的功能，设计的问题层层推进，由浅入深又不乏挑战性，把学生的注意力牢牢地吸引到教学环节中，学生既能体会到解决问题的快乐，也会遇到一些不易对付的挑战，需要经过反复思考、讨论、猜想、质疑、求证、求助等一系列活动，才能最终解决，常常还意犹未尽。问题导学的合理运用，让学生积极开动脑筋，在不断解决问题的过程中提高学生的问题解决能力，进而培养学生的质疑能力和思辨能力。当然，在强调问题导学的同时，并不能忽视在解决问题时教师的适当指导和帮助，也不能忽视有的知

识需要直接通过教师讲解来传授。

3. 学生活动提升体验

"纸上得来终觉浅，绝知此事要躬行。""活动与体验"是深度学习的核心特征。纯粹教师讲解灌输的知识，容易成为僵硬冰冷的条文，只能机械地储存进学生的大脑。而学生主动"探索""发现""经历"知识形成的过程，是学生的深度学习机制。因为学生通过活动取得的知识更容易内化，能更自然地融入学生已有的知识体系中，成为学生的一部分。在本文实例中，教学过程安排了相当多的学生活动和学生实验，让学生能亲自在实践中发现事物的客观规律，寻找问题的最终答案。经过学生的亲身经历而发现的知识，一定是最真实、最深刻的知识。

4. 小组合作让学习社会化

学习过程本身就是学生体验社会性情绪、情感，进行积极正向社会化的重要活动。随着时代的发展，越来越需要社会分工与合作。对于学生来说，掌握带领或跟随团队共同完成任务的能力，比获取知识本身来得更加重要。在课堂教学中采取小组合作学习的形式，小组成员存在本小组成员间的关系、不同小组间的关系、小组与教师的关系，构成一个微型社会。每个学生都要在处理各种关系时感受这个微型社会的复杂性，领悟社会生存法则，为他们的个体发展积累经验。

（三）课后作业是深度学习的延伸和补充

深度学习绝不能止步于课堂之内。由于课堂教学受时间和空间的制约，往往无法让学生的深度学习达到极致。比如，受课堂时间的限制，常常不得不放弃学生活动和探究转而采取直接讲授的方式授课；有时需要用到一些社会资源，课堂上无法满足；等等。而课后拓展作业，恰恰能弥补这一不足。首先，课后作业的情境可以更加真实、贴近生活。比如本文中调查老人老花眼的作业。其次，课后作业的学习跨度可以更大。比如本文课例中的作业，涉及传统文化、先进科技等。再次，课后作业容易延伸到更深的层次。比如民族情感、人生观、世界观等。最后，完成课后作业时常常与家庭成员密切联系，更有社会意义。

参考文献

［1］郭华.深度学习及其意义［J］.课程·教材·教法，2016，36（11）：25-32.

［2］曹启刚.基于问题导学实现活动建构课堂教学的探索：以"透镜"教学为例谈如何构建以"学"为主的课堂教学［J］.物理教学，2018，40（11）：54-56.

［3］刘月霞，郭华.深度学习：走向核心素养（理论普及读本）［M］.北京：教育科学出版社，2018：101.

［4］章延军.问题导学法与初中数学教学［J］.中国教育学刊，2022（12）：100.

［5］陈苍鹏.基于问题导学的初中物理实验教学［J］.物理教师，2018，39（1）：33-36.

备注：本文以《基于深度学习的初中物理单元教学设计——以"透镜及其应用"为例》发表于中文核心期刊《物理教学》（刊号：ISSN：1002-0748，CN：31-1033/G4）2023年第9期。

第二章

初中物理问题导学

调查分析

《基于学科核心素养的初中物理问题导学法》问卷调查

一、背景介绍

在国内外，越来越多的教育者和研究者关注学科核心素养的培养，以及问题导学法在初中物理教学中的应用。

在国内，随着新课程改革的推进，初中物理教学逐渐从传统的知识传授转向学科核心素养的培养。问题导学法作为一种以问题为导向的教学方法，被广泛应用于初中物理教学中。教师通过设计问题，引导学生主动思考、探究和解决问题，从而培养学生的学科核心素养。目前，国内对于问题导学法的研究主要集中在理论探讨、教学设计、教学实践等方面。例如，一些研究者探讨了问题导学法在初中物理教学中的具体应用策略，如以生活实例为引导、以实验为基础、以合作学习为手段等。同时，一些研究者还通过案例分析、实证研究等方式，探讨了问题导学法在实际教学中的效果和存在的问题，并提出了一些改进建议。

在国外，学科核心素养的培养已经成为教育界关注的焦点之一。许多国家都将学科核心素养的培养纳入教育目标和课程设置中。问题导学法作为一种先进的教学方法，也被广泛应用于初中物理教学中。在国外的研究中，问题导学法通常被认为是一种能够激发学生的学习兴趣、培养创新能力和解决问题能力的教学方法。一些研究表明，问题导学法可以有效地促进学生学科核心素养的培养，如批判性思维、合作能力、自主学习能力等。同时，一些研究者还对问题导学法的具体应用进行了探讨，如问题设计、教学策略、教学评价等。

总之，当前国内外对于基于学科核心素养的初中物理问题导学法的研究已经取得了一定的成果。但是，仍需要进一步深入研究和实践，以便更好地将问题导学法应用于初中物理教学中，并促进学生的学科核心素养的培养。

随着社会的不断发展和科技的日新月异，教育界对于学生的培养要求也在不断提高。特别是在新课程改革的推动下，各学科的教学目标已经从单纯的知识传授转向为更为复杂的核心素养培养。初中物理教学同样面临着这样的挑战和机遇。初中物理作为自然科学领域的一门基础学科，对于培养学生的学科核心素养具有非常重要的作用。然而，传统的初中物理教学方法往往过于注重知识的传授，而忽略了学生学科核心素养的培养。因此，开展《基于学科核心素养的初中物理问题导学法》问卷调查，旨在了解当前初中物理教学在培养学生学科核心素养方面的现状和问题，为进一步推进物理教学改革提供参考。

二、调查目的

本次问卷调查的主要目的是了解初中物理教师在教学中运用问题导学法的情况，以及学生对这种教学方法的感受和评价。具体而言，调查的目的包括以下三个方面。

深入了解教师对问题导学法的认知和应用情况，包括教师对问题导学法的了解程度、使用频率、应用效果等方面。

探讨问题导学法对培养学生学科核心素养的作用，包括学生在问题导学法的引导下，对物理概念的理解、科学思维的培养、科学方法的掌握、科学精神的养成等方面的情况。

收集教师和学生对问题导学法的反馈和建议，包括教师在实施问题导学法过程中遇到的困难和挑战，以及学生对于这种教学方法的感受和评价，为进一步改进和完善提供参考。

三、调查对象与内容

本次问卷调查的对象为初中物理教师和学生。对于教师，问卷主要包括以下内容。

教师的基本信息，如年龄、教龄、学历等。这些信息可以帮助研究者了解教师的背景和教学经验，为后续的数据分析提供参考。

教师对问题导学法的认知情况，如了解程度、使用频率等。这些问题可以了解教师在教学中是否接触过问题导学法，以及他们对这种教学方法的熟悉程度和应用频率。

教师运用问题导学法进行教学的实践经验，如应用效果、遇到的困难和挑战等。这些问题可以帮助研究者了解教师在实际教学中应用问题导学法的效果以及遇到的问题和挑战，从而为后续的改进提供依据。

教师对问题导学法的建议和意见，如需要改进和完善的地方等。这些问题可以帮助研究者了解教师对问题导学法的看法和建议，为后续的改进和完善提供参考。

对于学生，问卷主要包括以下内容。

学生的基本信息，如年级、性别等。这些信息可以帮助研究者了解学生的基本情况，为后续的数据分析提供参考。

学生对问题导学法的感受和评价，如学习效果、学习兴趣等。这些问题可以了解学生在问题导学法引导下的学习效果以及他们对这种教学方法的感受和评价。

学生在问题导学法引导下学习物理的体验和收获，如对物理概念的理解、科学思维的培养等。这些问题可以帮助研究者了解学生在问题导学法引导下学习物理的体验和收获，从而为后续的教学改革提供依据。

学生对问题导学法的建议和意见，如需要改进和完善的地方等。这些问题可以帮助研究者了解学生对问题导学法的看法和建议，为后续的改进和完善提供参考。

四、调查方法与实施

本次问卷调查采用网络问卷的形式进行，通过专业问卷平台"问卷星"设计问卷并发布。问卷设计遵循科学、合理、简洁、易懂的原则，同时设置了一些过滤性问题，以避免无效回答。在实施过程中，通过以下步骤确保调查的有效性和可靠性。

通过学校和教师渠道，向学生发布问卷链接，并告知学生调查的目的和内容。这样可以让学生了解调查的意义和目的，从而提高他们的参与度和回答的真实性。

在问卷中设置必要的个人信息栏目，以便了解被调查者的基本情况。这些信息可以为后续的数据分析提供参考，帮助研究者更好地了解被调查者的特点。

《基于学科核心素养的初中物理问题导学法》问卷调查（教师版）

物理教师基本情况调查

1. 您的性别：（　　）。［单选题］

   A. 女 　　　　　　　　　　　　B. 男

2. 您任教初中物理的教龄是（　　）。［单选题］

   A. 10年以下 　　　　　　　　　B. 10 ~ 20年

   C. 20年以上

3. 您的年龄是（　　）。［单选题］

   A. 25 ~ 30岁 　　　　　　　　　B. 31 ~ 40岁

   C. 40岁以上

4. 您的工作年限是（　　）。［单选题］

   A. 5年以下 　　　　　　　　　　B. 5 ~ 10年

   C. 11 ~ 20年 　　　　　　　　　D. 21 ~ 30年

   E. 30年以上

当下教师教学设计情况调查

5. 在教学中您注重对学生哪些方面的培养？（　　）［单选题］

   A. 知识的获得 　　　　　　　　B. 能力的培养

   C. 二者兼顾

6. 物理教学中您采用的教学方法有（　　　）。［多选题］

　　A. 直接讲授　　　　　　　　B. 引导学生探究学习

　　C. 以提问的方式引导学生学习　　D. 其他

7. 课堂上您的教学内容是否完整？（　　　）［单选题］

　　A. 十分完整　　　　　　　　B. 比较完整

　　C. 不完整

8. 对学生物理观念（物质观念、运动观念、能量观念、相互作用观念）的培养上，您的重视程度如何？（　　　）［单选题］

　　A. 非常重视　　　　　　　　B. 比较重视

　　C. 不重视

9. 您会在新课教学时设计情景导入环节，激发学生的上课兴趣吗？（　　　）［单选题］

　　A. 经常　　　　　　　　　　B. 偶尔

　　C. 从不

当下课堂教学情况调查

10. 教学中您的课件、实验教具、实验演示充分吗？（　　　）［单选题］

　　A. 非常充分　　　　　　　　B. 比较充分

　　C. 不充分

11. 您对教学重难点的讲解是否足够透彻？（　　　）［单选题］

　　A. 非常透彻　　　　　　　　B. 基本透彻

　　C. 很表面

12. 教学过程中，您的肢体语言和表情是否丰富？（　　　）［单选题］

　　A. 非常丰富　　　　　　　　B. 比较丰富

　　C. 不丰富

13. 您和学生在课堂上的互动情况如何？（　　　）［单选题］

　　A. 非常多　　　　　　　　　B. 较多

　　C. 少

14. 您上课时，学生回答问题的积极主动程度如何？（　　）［单选题］

    A. 非常积极   B. 比较积极

    C. 不积极

当下物理学科素养教学效果调查

15. 在培养学生科学思维（模型建构、科学推理、科学论证、质疑创新）问题上，您的重视程度如何？（　　）［单选题］

    A. 非常重视   B. 重视

    C. 不重视

16. 您对锻炼学生运用科学探究法解决问题能力的重视程度如何？（　　）［单选题］

    A. 非常重视   B. 重视

    C. 不重视

17. 在您的课堂教学中，教学内容与生活、科学、技术、社会和环境（STSE）的联系紧密吗？（　　）［单选题］

    A. 非常紧密   B. 紧密

    C. 不紧密

18. 从您的教学经验看，物理教师应具备怎样的素养和能力是学生喜欢的？［填空题］

_____

_____

_____。

《基于学科核心素养的初中物理问题导学法》问卷调查（学生版）

目前课前学情调查

1. 你喜欢教师采用课前让你们自己预习和查找资料这种教学方式吗？
（　　）［单选题］

    A. 不喜欢　　　　　　　　B. 都可以

    C. 喜欢

2. 你对生活中的物理现象感到好奇，感觉学习物理是有趣有用的。
（　　）［单选题］

    A. 完全符合　　　　　　　　B. 基本符合

    C. 比较符合　　　　　　　　D. 完全不符合

3. 你会根据学习内容和学习重点制订物理学习计划。（　　）［单选题］

    A. 非常符合　　　　　　　　B. 比较符合

    C. 一般　　　　　　　　D. 比较不符合

    E. 非常不符合

4. 你希望教师采用下列哪种方式教学？（　　）［多选题］

    A. 传统讲授法

    B. 自主学习法

    C. 分组合作交流法

    D. 探究式学习法

E. 根据情况灵活采用教学方式

5. 你很期待物理课堂，并主动自觉投入学习。（　　）[单选题]

A. 完全符合　　　　　　　　　B. 基本符合

C. 比较符合　　　　　　　　　D. 完全不符合

目前物理课堂学情调查

6. 上物理课时，你会觉得时间过得很快吗？（　　）[单选题]

A. 不会　　　　　　　　　　　B. 无所谓

C. 会

7. 你认为物理课中最能吸引你的是（　　）。[单选题]

A. 教师的语言　　　　　　　　B. 物理学史

C. 物理实验　　　　　　　　　D. 知识的实用性

E. 其他

8. 物理课上，你的注意力一般可以保持多长时间？（　　）[单选题]

A. 30分钟以上　　　　　　　　B. 20～30分钟

C. 10分钟左右　　　　　　　　D. 完全不能保持

9. 你们喜欢教师讲物理规律时，不是直接告诉你们规律，而是引导你们自己进行实验探究这种教学方式吗？（　　）[单选题]

A. 不喜欢　　　　　　　　　　B. 都可以

C. 喜欢

当下物理实验课的学情调查

10. 课本里出现的探究性实验，你认为应该怎么做？（　　）[单选题]

A. 直接通过相关题目的讲解，得出结论

B. 教师带领学生分析一下，然后演示即可

C. 有兴趣的同学动手做一下就好

D. 小组互动，合作探究，必须动手做一做

11. 上实验课时你的状态是（　　　）。［单选题］

    A. 认真做好课前准备，明确实验设计，厘清实验步骤，仔细分析实验中存在的问题

    B. 大脑回忆一遍实验内容，随便画个表格，真实记录数据，分析实验结果

    C. 找个动手能力强的同学一组，他做什么我就做什么，最后将结果抄下来

    D. 实验课不是物理文化课，是一节可以自由聊天的课

12. 课堂上的物理演示实验通常可以激发你学习物理的兴趣。（　　　）［单选题］

    A. 完全符合   B. 基本符合

    C. 比较符合   D. 完全不符合

13. 在收集数据、处理数据和得出结论时，你通常采用的方法有（　　　）。［单选题］

    A. 需要在教师的引导下，和同学一块讨论交流

    B. 采用数学图像、分析、归纳等方法自主得出结论

    C. 查询资料，收集相关问题，对比分析用相近的方法得出结论

    D. 不知从何入手

当下物理课堂教学学习效果调查

14. 你希望在课堂上纯粹学习课本知识还是希望锻炼一下综合素质？（　　　）［单选题］

    A. 纯粹学习课本知识

    B. 学习知识的同时锻炼自己的综合素质

    C. 怎么都可以

15. 经历物理学习的过程，可以提高自己的思维能力。（　　　）［单选题］

    A. 非常同意   B. 比较同意

    C. 不同意   D. 不确定

16. 在探究问题方面,以下哪些方面你认为是自己需要提升的?(   )
[多选题]

    A. 想象力和好奇心

    B. 不畏困难具有坚持不懈的精神

    C. 敢于大胆尝试,积极寻找有效的解决问题的方法

    D. 其他

17. 你认为你已经具备一定的下列哪些能力?(   )[多选题]

    A. 理解能力   B. 自学能力

    C. 实验探究能力   D. 分析综合能力

    E. 实践创新能力   F. 物理模型建构能力

    G. 用数学方法处理物理问题能力   H. 都没有

18. 在问题解决方面,以下哪些方面你认为是自己需要提升的?(   )
[多选题]

    A. 善于发现和提出问题,有解决问题的兴趣和热情

    B. 能依据特定的情境和具体条件,制订出合理的解决方案

    C. 在复杂环境中行动的能力

    D. 其他

《基于学科核心素养的初中物理问题导学法》
实践研究

——初中物理学科相关情况问卷调查情况统计

（以大鹏新区部分教师/学生为调查对象）

学科核心素养是指在某一学科领域内，学生必须掌握的最基本、最核心的知识、技能和价值观。随着社会的发展和教育的改革，学科核心素养已经成为教育教学的重要理念，对于促进学生的全面发展和提高学生的学科素养具有重要的作用。

为了探究问题导学法对于学生学习物理的影响，以及如何通过问题导学法培养学生的学科核心素养，从而为初中物理教学提供新的思路和方法，特制定此问卷调查了解现阶段初中物理课堂的基本情况。

一、教师版问卷情况统计

物理教师基本情况调查

1.您的性别：（　　　）。［单选题］

选项	小计	比例
A.女	11	44%
B.男	14	56%
本题有效填写人次	25	

结论：在物理教师性别分布上，大部分教师为"男"，比例是56%，女教师的比例是44%。

2. 您任教初中物理的教龄是（　　　　）。［单选题］

选项	小计	比例	
A. 10年以下	10		40%
B. 10~20年	6		24%
C. 20年以上	9		36%
本题有效填写人次	25		

结论：10年以下教龄的教师占比最多，为40%，还有36%的教师教龄在20年以上，10~20年教龄的教师只占24%。

3. 您的年龄是（　　　　）。［单选题］

选项	小计	比例	
A. 25~30岁	7		28%
B. 31~40岁	7		28%
C. 40岁以上	11		44%
本题有效填写人次	25		

结论：物理教师中超过四成的教师年龄在40岁以上，"25~30岁"和"31~40岁"各占比28%。

4. 您的工作年限是（　　　　）。［单选题］

选项	小计	比例	
A. 5年以下	6		24%
B. 5~10年	4		16%
C. 11~20年	6		24%
D. 21~30年	7		28%
E. 30年以上	2		8%
本题有效填写人次	25		

结论：工作年限为"21～30年"的教师占比为28%，工作年限为"11～20年"和"5年以下"的教师占比均为24%，工作年限为"5～10年"的教师占比最少，只有16%。

当下教师教学设计情况调查

5. 在教学中您注重对学生哪些方面的培养？（　　　）［单选题］

选项	小计	比例	
A. 知识的获得	3		12%
B. 能力的培养	1		4%
C. 二者兼顾	21		84%
本题有效填写人次	25		

结论：在教学中兼顾对学生"能力的培养"和"知识的获得"的教师占比为84%，12%的教师更注重"知识的获得"，只有4%的教师更注重对学生"能力的培养"。

6. 物理教学中您采用的教学方法有（　　　）。［多选题］

选项	小计	比例	
A. 直接讲授	16		64%
B. 引导学生探究学习	19		76%
C. 以提问的方式引导学生学习	22		88%
D. 其他	4		16%
本题有效填写人次	25		

结论：教学中88%的教师采取"以提问的方式引导学生学习"，其次教师经常采用"直接讲授"和"引导学生探究学习"的方式教学，分别占比64%和76%。

7. 课堂上您的教学内容是否完整? (   ) [单选题]

选项	小计	比例	
A. 十分完整	4		16%
B. 比较完整	20		80%
C. 不完整	1		4%
本题有效填写人次	25		

结论：80%的教师课堂的教学内容比较完整，只有极少数情况下教学内容不完整。

8. 对学生物理观念（物质观念、运动观念、能量观念、相互作用观念）的培养上，您的重视程度如何？(   ) [单选题]

选项	小计	比例	
A. 非常重视	12		48%
B. 比较重视	12		48%
C. 不重视	1		4%
本题有效填写人次	25		

结论：96%的教师非常重视和比较重视对学生物理观念的培养。

9. 你会在新课教学时设计情境导入环节，激发学生的上课兴趣吗？
(   ) [单选题]

选项	小计	比例	
A. 经常	16		64%
B. 偶尔	9		36%
C. 从不	0		0%
本题有效填写人次	25		

结论：64%的教师经常在新课教学中设计情境导入环节，36%的教师偶尔在新课教学中设计情境导入环节。

当下课堂教学情况调查

10. 教学中您的课件、实验教具、实验演示充分吗？（　　）［单选题］

选项	小计	比例	
A. 非常充分	8		32%
B. 比较充分	16		64%
C. 不充分	1		4%
本题有效填写人次	25		

　　结论：64%的教师能比较充分演示实验教具和实验操作，32%的教师对实验演示非常充分，"演示实验教具和实验操作"不充分的是极少数情况。

11. 您对教学重难点的讲解是否足够透彻？（　　）［单选题］

选项	小计	比例	
A. 非常透彻	9		36%
B. 基本透彻	16		64%
C. 很表面	0		0%
本题有效填写人次	25		

　　结论：64%的教师对教学重难点的讲解基本透彻，36%的教师讲解得非常透彻。

12. 教学过程中，您的肢体语言和表情是否丰富？（　　）［单选题］

选项	小计	比例	
A. 非常丰富	5		20%
B. 比较丰富	19		76%
C. 不丰富	1		4%
本题有效写人次	25		

　　结论：76%的教师能用比较丰富的肢体语言和表情辅助教学，20%的教师在课堂肢体语言和表情非常丰富。

13. 您和学生在课堂上的互动情况如何？（　　）［单选题］

选项	小计	比例
A. 非常多	8	32%
B. 较多	16	64%
C. 少	1	4%
本题有效填写人次	25	

结论：超过九成的教师在课堂上和学生有非常多和较多的互动。

14. 您上课时，学生回答问题的积极主动程度如何？（　　）［单选题］

选项	小计	比例
A. 非常积极	7	28%
B. 比较积极	16	64%
C. 不积极	2	8%
本题有效填写人次	25	

结论：课堂上回答问题非常积极和比较积极的情况分别占比28%和64%。只有8%的情况下学生回答问题不积极。

当下物理学科素养教学效果调查

15. 在培养学生科学思维（模型建构、科学推理、科学论证、质疑创新）问题上，您的重视程度如何？（　　）［单选题］

选项	小计	比例
A. 非常重视	11	44%
B. 重视	14	56%
C. 不重视	0	0%
本题有效填写人次	25	

结论：超过五成的物理教师重视培养学生的科学思维，另外44%的教师非常重视培养学生的科学思维。

16.您对锻炼学生运用科学探究法解决问题能力的重视程度如何？（　　）〔单选题〕

选项	小计	比例	
A.非常重视	9		36%
B.重视	16		64%
C.不重视	0		0%
本题有效填写人次	25		

结论：物理教师都很重视锻炼学生运用科学探究法解决问题的能力。

17. 在您的课堂教学中，教学内容与生活、科学、技术、社会和环境（STSE）的联系紧密吗？（　　）〔单选题〕

选项	小计	比例	
A.非常紧密	6		24%
B.紧密	19		76%
C.不紧密	0		0%
本题有效填写人次	25		

结论：超过七成的物理教师将教学内容与生活、科学、技术、社会和环境（STSE）的联系很紧密。

18. 从您的教学经验看，物理教师具备怎样的素养和能力是学生喜欢的？（　　）〔填空题〕

来源	来源详情	答案文本
微信		幽默风趣，联系实际能力强
微信		多做一些物理实验，通过实验教学激发学生学习物理的兴趣，培养学生的科学思维
微信		幽默风趣，能够设身处地为学生着想

续 表

来源	来源详情	答案文本
微信		物理教师应具备讲得了题，做得了实验，做得了教具，可以联系生活实际进行教学
微信		幽默、负责
微信		知识面丰富，教学风格灵活，幽默风趣，语言有吸引力
微信		幽默风趣的语言，扎实的基本功，灵敏的反应，熟练地使用各类教学平台
微信		知识与能力，与学生谈心，鼓励学生努力学习
手机提交	直接访问	幽默
微信		教学设计完善
手机提交	直接访问	幽默
微信		知识渊博，能力强，说话风趣
微信		具有物理知识渊博，学科能力强大，以学生当主体、注重学生发展的教学模式
微信		幽默风趣，重探究实验，能出成绩
微信		将知识与生活联系的能力，精练的语言，幽默
微信		幽默风趣，多做实验，将物理知识与社会、生活结合，注重学生思维能力的培养
微信		语言幽默
手机提交	直接访问	专业知识扎实，知识面广，教学风格幽默风趣
手机提交	直接访问	知识渊博，幽默风趣
手机提交	直接访问	知识渊博，风趣幽默
微信		对初中生而言，语言魅力大于知识内容，个人魅力大于专业素养
手机提交	直接访问	专业素养，幽默风趣的风格，丰富的学生活动
微信		知识渊博，幽默风趣，实操强
微信		具备精准的专业知识，善于沟通的能力，独立的人格魅力，严谨的逻辑思维
微信		知识渊博，方法多样

二、学生版问卷情况统计

目前课前学情调查

1. 你喜欢教师采用课前让你们自己预习和查找资料这种教学方式吗？
（　　）［单选题］

选项	小计	比例	
A. 不喜欢	30		10.07%
B. 都可以	143		47.99%
C. 喜欢	125		41.95%
本题有效填写人次	298		

结论：41.95%的学生喜欢采用课前自己预习和查找资料的教学方式，10.07%的学生不喜欢这种教学方式，47.99%的学生表示无论是否使用这种教学方式都可以。

2. 你对生活中的物理现象感到好奇，感觉学习物理是有趣有用的。（　　）
［单选题］

选项	小计	比例	
A. 完全符合	128		42.95%
B. 基本符合	111		37.25%
C. 比较符合	51		17.11%
D. 完全不符合	8		2.68%
本题有效填写人次	298		

结论：超过九成的学生对生活中的物理现象感到好奇，感觉学习物理是有趣有用的，2.68%的学生对物理现象不好奇，觉得枯燥无味。

3.你会根据学习内容和学习重点制订物理学习计划。（　　）［单选题］

选项	小计	比例
A.非常符合	75	25.17%
B.比较符合	99	33.22%
C.一般	92	30.87%
D.比较不符合	26	8.72%
E.非常不符合	6	2.01%
本题有效填写人次	298	

结论：超过八成的学生会根据学习内容和学习重点制订物理学习计划，约10%的学生不会根据学习内容和学习重点制订物理学习计划。

4.你希望教师采用下列哪种方式教学？（　　）［多选题］

选项	小计	比例
A.传统讲授法	139	46.64%
B.自主学习法	113	37.92%
C.分组合作交流法	178	59.73%
D.探究式学习法	196	65.77%
E.根据情况灵活采用教学方式	234	78.52%
本题有效填写人次	298	

结论：78.52%的学生希望教师能根据情况灵活采用教学方式，其中学生最喜欢探究式学习法和分组合作交流法，也有四成左右的学生喜欢传统讲授法和自主学习法。

5. 你很期待物理课堂，并主动自觉投入学习。（　　　）［单选题］

选项	小计	比例	
A. 完全符合	113		37.92%
B. 基本符合	116		38.93%
C. 比较符合	61		20.47%
D. 完全不符合	8		2.68%
本题有效填写人次	298		

　　结论：接近九成的学生很期待物理课堂，并主动自觉投入学习，2.68%的学生对物理课堂不期待，无法自觉投入学习。

目前物理课堂学情调查

6. 上物理课时，你会觉得时间过得很快吗？（　　　）［单选题］

选项	小计	比例	
A. 不会	85		28.52%
B. 无所谓	55		18.46%
C. 会	158		53.02%
本题有效填写人次	298		

　　结论：53.02%的学生上物理课时觉得时间过得很快，28.52%的学生没有这种感觉，18.46%的学生觉得无所谓。

7. 您认为物理课中最能吸引你的是（　　　）。［单选题］

选项	小计	比例	
A. 教师的语言	55		18.46%
B. 物理学史	16		5.37%
C. 物理实验	131		43.96%
D. 知识的实用性	79		26.51%
E. 其他	17		5.7%
本题有效填写人次	298		

结论：物理课中最能吸引学生的是物理实验，占43.96%，其次是知识的实用性和教师的语言，物理学史对学生的吸引力不大，只占5.37%。

8. 物理课上，你的注意力一般可以保持多长时间？（　　）［单选题］

选项	小计	比例	
A. 30分钟以上	131		43.96%
B. 20~30分钟	136		45.64%
C. 10分钟左右	28		9.40%
D. 完全不能保持	3		1.01%
本题有效填写人次	298		

结论：45.64%的学生在物理课上注意力可以保持20~30分钟，43.96%的学生在物理课上注意力可以保持在30分钟以上，9.40%的学生在物理课上注意力只能保持在10分钟左右，极少数的学生注意力完全不能保持。

9. 你们喜欢教师讲物理规律时，不是直接告诉你们规律，而是引导你们自己进行实验探究这种教学方式吗？（　　）［单选题］

选项	小计	比例	
A. 不喜欢	18		6.04%
B. 都可以	131		43.96%
C. 喜欢	149		50%
本题有效填写人次	298		

结论：50%的学生喜欢教师讲物理规律时，不是直接告诉规律而是引导学生自己进行实验探究这种教学方式，6.04%的学生不喜欢这种教学方式，43.96%的学生觉得两种方式都可以。

当下物理实验课的学情调查

10. 课本里出现的探究性实验，你认为应该怎么做？（　　）［单选题］

选项	小计	比例
A. 直接通过相关题目的讲解，得出结论	27	9.06%
B. 教师带领学生分析一下，然后演示即可	114	38.26%
C. 有兴趣的同学动手做一下就好	21	7.05%
D. 小组互动，合作探究，必须动手做一做	136	45.64%
本题有效填写人次	298	

结论：课本里出现的探究性实验，45.64%的学生觉得应该小组互动，合作探究，必须动手做一做，38.26%的学生觉得教师带领学生分析一下，然后演示即可，9.06%的学生觉得可以直接通过相关题目的讲解，得出结论，还有7.05%的学生认为有兴趣的同学动手做一下就好。

11. 上实验课时你的状态是（　　）。［单选题］

选项	小计	比例
A. 认真做好课前准备，明确实验设计，厘清实验步骤，仔细分析实验中存在的问题	174	58.39%
B. 大脑回忆一遍实验内容，随便画个表格，真实记录数据，分析实验结果	102	34.23%
C. 找个动手能力强的同学一组，他做什么我就做什么，最后将结果抄下来	18	6.04%
D. 实验课不是物理文化课，是一节可以自由聊天的课	4	1.34%
本题有效填写人次	298	

结论：上实验课时，58.39%的学生能够认真做好课前准备，明确实验设计，厘清实验步骤，仔细分析实验中存在的问题，34.23%的学生认为大脑回忆一遍实验内容，随便画个表格，真实记录数据，分析实验结果即可，还有6.04%的学生选择找个动手能力强的同学一组，他做什么我就做什么，最后将结果抄下来，1.34%的学生认为实验课不是物理文化课，是一节可以自由聊天的课。

12. 课堂上的物理演示实验通常可以激发你学习物理的兴趣。（　　　）[单选题]

选项	小计	比例
A. 完全符合	144	48.32%
B. 基本符合	109	36.58%
C. 比较符合	41	13.76%
D. 完全不符合	4	1.34%
本题有效填写人次	298	

结论：超过九成的学生认为课堂上的物理演示实验可以激发学习物理的兴趣，1.34%的学生认为课堂上的物理演示实验完全无法激发学习物理的兴趣。

13. 在收集数据、处理数据和得出结论时，你通常采用的方法有（　　　）。
[单选题]

选项	小计	比例
A. 需要在教师的引导下，和同学一块讨论交流	161	54.03%
B. 采用数学图像、分析、归纳等方法自主得出结论	67	22.48%
C. 查询资料，收集相关问题，对比分析用相近的方法得出结论	58	19.46%
D. 不知从何入手	12	4.03%
本题有效填写人次	298	

结论：在收集数据、处理数据和得出结论时，54.03%的学生需要在教师的引导下，和同学一块讨论交流，22.48%的学生采用数学图像、分析、归纳等方法自主得出结论，19.46%的学生通过查询资料，收集相关问题，对比分析用相近的方法得出结论，还有4.03%的学生不知从何入手。

当下物理课堂教学学习效果调查

14. 你希望在课堂上纯粹学习课本知识还是希望同时锻炼一下综合素质？(　)〔单选题〕

选项	小计	比例
A. 纯粹学习课本知识	17	5.70%
B. 学习知识的同时锻炼自己的综合素质	254	85.23%
C. 怎么都可以	27	9.06%
本题有效填写人次	298	

结论：超过八成的学生希望在课堂上学习知识的同时锻炼自己的综合素质，5.70%的学生希望纯粹学习课本知识，9.06%的学生觉得怎么都可以。

15. 经历物理学习的过程，可以提高自己的思维能力。(　)〔单选题〕

选项	小计	比例
A. 非常同意	148	49.66%
B. 比较同意	138	46.31%
C. 不同意	4	1.34%
D. 不确定	8	2.68%
本题有效填写人次	298	

结论：超过九成的学生认为经历物理学习的过程可以提高自己的思维能力，1.34%的学生认为经历物理学习的过程无法提高自己的思维能力，2.68%的学生表示对这种看法不确定。

16. 在探究问题方面，以下哪些方面你认为是自己需要提升的？（　　　）
［多选题］

选项	小计	比例
A. 想象力和好奇心	188	63.09%
B. 不畏困难具有坚持不懈的精神	184	61.74%
C. 敢于大胆尝试，积极寻找有效的解决问题的方法	234	78.52%
D. 其他	45	15.10%
本题有效填写人次	298	

结论：在探究问题方面，学生觉得最需要提升的是"敢于大胆尝试，积极寻找有效的解决问题的方法"，其次是"想象力和好奇心""不畏困难具有坚持不懈的精神"。

17. 你认为你已经具备一定的下列哪些能力？（　　　）［多选题］

选项	小计	比例
A. 理解能力	210	70.47%
B. 自学能力	129	43.29%
C. 实验探究能力	176	59.06%
D. 分析综合能力	153	51.34%
E. 实践创新能力	136	45.64%
F. 物理模型建构能力	99	33.22%
G. 用数学方法处理物理问题能力	106	35.57%
H. 都没有	24	8.05%
本题有效填写人次	298	

结论：大多数学生认为自己已经具备一定的理解能力、实验探究能力、分

析综合能力，四成左右的学生认为自己具备一定的实践创新能力、自学能力、用数学方法处理物理问题能力、物理模型建构能力，8.05%的学生认为自己不具备以上能力。

18. 在问题解决方面，以下哪些方面你认为是自己需要提升的？（　　　）

［多选题］

选项	小计	比例	
A. 善于发现和提出问题，有解决问题的兴趣和热情	210		70.47%
B. 能依据特定的情境和具体条件，制订出合理的解决方案	185		62.08%
C. 在复杂环境中行动的能力	168		56.38%
D. 其他	8		2.68%
本题有效填写人次	298		

　　结论：在问题解决方面，学生认为自己最需要提升的是"善于发现和提出问题，有解决问题的兴趣和热情"，其次是"能依据特定的情境和具体条件，制订出合理的解决方案""在复杂环境中行动的能力"，还有2.68%的学生认为需要提升其他方面的能力。

《基于学科核心素养的初中物理问题导学法》问卷调查（学生/教师）分析报告

深圳亚迪学校　王心灵

深圳市红岭教育集团大鹏华侨中学　欧阳华乐　何为英

初中物理是学生学习物理知识的重要阶段，也是培养学生科学素养的关键时期。为了探究问题导学法对于学生学习物理的影响，以及如何通过问题导学法培养学生的学科核心素养，从而为初中物理教学提供新的思路和方法，特制定此问卷（其中新区物理教师25人，新区初中学生298人）调查了解现阶段初中物理课堂的基本情况，现分析报告如下。

一、传统教学的弊端

从基于学科核心素养的初中物理问题导学法问卷调查教师/学生问卷数据显示，传统课堂教育是有一定弊端的。

（1）一刀切的教学方式：传统课堂教育通常采用一种教学方式，即教师在黑板前讲解知识，学生在座位上听讲。这种方式无法满足每个学生的学习需求和风格，因为每个人的学习方式和节奏都不同。

（2）缺乏互动和反馈：传统课堂教育通常是教师在讲，学生在听，没有太多的互动和反馈。这种方式无法有效激发学生的兴趣和参与度，也无法及时纠正学生的错误。

（3）依赖纸质教材和手写笔记：传统课堂教育通常依赖纸质教材和手写笔记。这种方式无法满足学生对多媒体和交互式学习的需求。

（4）地域限制：传统课堂教育通常需要学生前往学校上课，这限制了学生的地理位置和时间灵活性。

（5）学生早已厌倦了传统的教学方式，教师没有开口，早就准备好了睡上一觉或找一本小说故事会来打发时间，从数据中显示，孩子们更喜欢问题导学的方式课堂学习。

总体来说，传统课堂教育模式已经不能满足现代社会的教育需求，因为它存在许多不足之处。传统课堂教育模式主要依靠教师的讲授，学生的被动接受和死记硬背，这种模式存在着许多不足之处。首先，它不能很好地培养学生的创新能力和思维能力，因为学生只是被动地接收知识而没有机会进行思考和实践。其次，它不能很好地满足不同学生的需求和兴趣，因为教师的授课方式和内容可能无法吸引所有学生。最后，这种模式也不能很好地培养学生的合作和沟通能力，因为学生没有机会进行团队合作和交流。

现代社会对教育的需求已经发生了很大的变化。首先，现代社会需要具有创新能力和思维能力的人才，因为创新已经成了现代社会的主要驱动力。其次，现代社会需要具有多元化技能和知识的人才，因为不同的行业和领域需要不同的技能和知识。最后，现代社会也需要具有合作和沟通能力的人才，因为团队合作已经成了现代社会的常态。

二、问题导学法的优势

为了满足现代社会的教育需求，新的教育模式已经被提出。这种模式主要依靠学生的主动学习和实践，教师的角色变为辅导和指导。这种模式的优势在于它可以很好地培养学生的创新能力和思维能力，因为学生有机会进行实践和思考。同时，这种模式还可以很好地满足不同学生的需求和兴趣，因为它可以根据学生的不同情况进行个性化教学。此外，这种模式也可以很好地培养学生的合作和沟通能力，因为学生有机会进行团队合作和交流。

相较于传统课堂教学，问题导学法在课堂教学中具有以下六个优势。

（1）激发学生学习兴趣。问题导学法可以引起学生的好奇心和求知欲，激发他们的学习兴趣，从而提高他们的学习积极性。

（2）培养学生的思维能力。问题导学法可以促使学生思考，发挥创造性和想象力，培养他们的思维能力。

（3）促进学生的自主学习。问题导学法强调学生的主动性和自主性，可以使学生更好地掌握知识，提高学习效果。

（4）提高课堂效率。问题导学法可以使学生在课堂上积极参与，带动课堂气氛，提高课堂效率。

（5）培养学生的团队协作能力。问题导学法可以鼓励学生互相讨论、合作解决问题，培养他们的团队协作能力。

（6）孩子们也更喜欢问题导学的方式进行物理课堂学习。

三、问题导学法的实施

本研究采用问题导学法来进行初中物理教学，以提高学生的学习效果和兴趣。在具体的教学过程中，我们根据学生的学习情况和需求，设计了一系列问题，并通过问题引导学生进行探究和发现，以达到知识建构的目的。具体实施步骤如下。

（1）引入问题：在教学开始前，通过提出问题的方式引起学生的兴趣和好奇心。

（2）探究问题：通过实验、观察、讨论等方式，引导学生进行问题探究。

（3）总结归纳：通过总结归纳，帮助学生理解和掌握物理知识。

（4）应用拓展：通过应用和拓展，提高学生的物理实践能力和创新思维。

当然，一个大问题可能包含1～3个小问题，通过小问题的逐个完成促成大问题的解决。一节课可能有一个以上的大问题，让学生在对一个接一个生活情景问题探究的过程中完成知识的自主建构，并达到学科素养的自我提升。

通过对问题导学法进行实践研究，我们确实得到了以下三个方面的实践效果。

（1）提高学生的学习效果：通过问题导学法，学生的学习效果得到了明显提高，学生的物理知识和能力得到了有效提升。

（2）增强学生的学习兴趣：通过问题导学法，学生的学习兴趣得到了增强，学生对物理学习的积极性和主动性得到了提高。

（3）促进学生的思维发展：通过问题导学法，学生的思维发展得到了促进，学生的科学思维、逻辑思维和创新思维得到了有效锻炼。

本研究对于物理学科的教学方法提出了一些建议和思考。要实现课堂教学对学生的全面影响上，课堂教学的模式要从传统的单一传输模式转变为启发式和讨论式的教学模式上；课堂调节手段要从传统的教师权威控制转变到以实现课堂教学目标的要求为导向上来。教师要尝试不同的教学方法，改变课堂，创造多彩课堂。只有形式多样的课堂，才能更好地吸引学生，使学生喜欢物理课堂。通过对基于物理学科核心素养的问题导学法问卷数据分析，证明问题导学法是一种有效的教学方法，在激发学生学习物理兴趣的同时，让学生在基于真实问题探究的过程中完成知识的建构与素养的提升。

第三章

初中物理问题导学

实践应用

应用"问题导学"模式提升初中生物理核心素养

——以"磁现象磁场"教学为例

深圳市葵涌中学　徐磊

2022年版初中物理新课标提到：注重科学探究，倡导教学方式多样化。

注重科学探究，突出问题导向，强调真实问题情境，引导学生不断探索，提高分析问题、解决问题的实践本领和科学思维能力，发展核心素养。倡导教学方式多样化，鼓励在教学中根据教学目标、教学内容、教学对象和教学资源等的实际情况，灵活选用教学方式，合理运用信息技术。"问题导学"教学模式这几年也有不少一线教师在实践，我们日常教学环节主要包含：自主预习、突破点拨、即时反馈、课堂小结、课后巩固几个环节。为了进一步提升我们学生初中物理学科的核心素养，我结合"问题导学"对教学进行了一些改变。现以《磁现象磁场》教学案例谈一些我的探讨与实践。

本节课的教学设计流程简图见表1。

表1

环节	意图
创设情景、设置问题	激发学生学习的兴趣
探究活动	形成正确的物理观念
聚焦问题	提升学生科学思维能力和探究能力
首尾呼应	解疑释惑

一、创设情景、设置问题，激发学生学习的兴趣

情景：古代的航海人面对茫茫大海，没有手机，没有GPS，没有航标，没有明确的航道，他们是如何开辟了一条条航线？这个难不倒学生，他们知道罗盘——中国古代四大发明之一，能够帮助人们指示方向。那么问题来了：罗盘，也就是我们说的司南又是怎样工作的呢，这就需要我们通过今天的学习去寻找答案。

一般情况下，我们教师可以预设问题，这样至少可以按照我们的备课去开展课堂，但这不是我们的终极目标。如果我们能通过创设情景，让学生自己提出问题，并进入我们将要学习的课题，这样的情景创设就更优秀！爱因斯坦曾经说过：提出一个问题往往比解决一个问题更重要。教师要引导学生去发现问题还是比较考验教师功底的，因此我们先从预设问题出发，鼓励学生去思考，去发现问题，慢慢地学生就会在思考、观察中发现问题，课堂上学生生成的一些问题大多比我们预设的更精彩，更能点亮我们的物理课堂。

二、在解决基础性问题中形成正确的物理观念

对于磁的相关知识，学生在小学科学和生活实际中，已经有了个初步认识，知道磁铁能吸引一些物质，磁体之间存在力的作用，但是学生还没有接触到相应的物理概念。我们在这个基础上让学生自学，并提供实验器材让学生去感受磁现象，合作交流中得出以下概念：磁性、磁体、磁极和磁化间的相互作用。对于九年级的学生，找到这些概念不难，但是要帮助学生理解物理概念、熟记概念，从而在生活经验向物理概念的这种转变中形成正确的物理观念。当然教师可以在这里对磁化和消磁进行一些补充，拓展学生知识面的同时，将物理回归社会。

为了让学生在自学的时候更有目的性，我们可以在这里把问题（探究）罗列出来。

探究1（如图1所示）：磁体能够吸引哪些东西？重点让学生去发现不是所有的物体都能被磁铁吸引，然后去发现被吸引物体的共同特点，从而得出磁性和磁体的概念。

图1

探究2：磁体各部分的吸引能力是否相同？这里重点探究的是条形磁体和蹄形磁体各部分的吸引能力，其也是转换思维的一次应用。学生通过探究发现，磁体两端的磁性最强，进而得出磁极的概念，并结合课本介绍磁体的南、北（S、N）极。

猜想：一块条形磁铁从中间断开，分成两块，每块上的磁极分布情况如何？这里可以提前准备一些坏成几段的磁体让学生们去探究。为了更加真实，我们也可以在课堂上折断一个磁体让学生们去探究。同样也要设置对比实验：折断后的两个磁体重新粘在一起又有几个磁极？重点让学生去体验磁体各部分磁性强弱的变化情况，为后面的教学进行铺垫。

探究3（如图2所示）：把两磁极相互靠近时，会发生什么现象？这个实验比较简单，学生很快就能得出同名磁极相互排斥、异名磁极相互吸引的结论。在这个环节可以让学生联想之前学过的电荷间相互作用规律，提前渗透电和磁之间有很多相似的地方，激发学生去发现更多相同的地方。

图2

针对问题进行自学和探究的过程中，同学们比较容易找到相应问题的答案，包括得出相应的物理概念，但是教师要引导学生进行更深入的思考，其实这也是物理逻辑思维训练的过程。为了更好地帮助学生去掌握磁极的概念，我们可以设计小活动：利用磁体和缝衣针来制作指南针，在提升学生动手能力的同时，也验证了相应的物理规律（如同名磁极相互排斥，异名磁极相互吸引）。九年级学生的动手能力已经比较强，学习迁移能力也有了个初步的发展，这一节可以借鉴电学的相关知识，让学生大胆地去尝试和探究，这样他们对于本节课的相关物理概念就会有更深的理解。

为了加深学生对磁极的理解，并强化他们对于一个磁体有两个磁极的理解，我们可以引入一个思考题，就是利用两个相同的铁棒，一根具有磁性，一根没有磁性，且两根铁棒的外形一模一样（我们可以用白纸把他们裹起来）。让学生去找出具有磁性的铁棒，并说明理由。

三、聚焦问题，提升学生科学思维能力和探究能力

本节课的难点就是磁场的概念和方向，尤其是磁场的方向。我们先从第一个问题入手：磁体间的相互作用是如何实现的？从而引出了磁场这种物质（教学中可以引导学生猜想电荷间的相互作用是通过什么来实现的）。磁场看不见，但可以通过磁体在磁场的受力来感知磁场的存在，这种转换思维在物理学科中是十分常见的。由此能掌握磁场的基本性质：对放入其中的磁体有力的作用。

这里设计一个小活动：一根条形磁体外面包着一块布放在桌面，如何判断它的N极。学生很快想到借助小磁针来判断。接下来我们将聚焦于磁场的方向：物理学中把小磁针静止时北极所指的方向规定为该点磁场的方向。那如何由点延伸至线，拓展到面来探究磁体周围各点磁场方向？

学生可联系刚才的小活动，以此促动学生进行思考，如何才能完成探究，可以先由点到线，借助更多的小磁针来研究磁场方向。在这里可以设置多组实验，学生可以选择探究条形磁体或者蹄形磁体磁场分布（如图3所示）。最终结合大部分学生的实验结果，能得出条形磁体和蹄形磁体磁场周围小磁针指向分

布图。为了更方便、更形象地描述磁场，我们引入了磁感线（强调类似光线，不是客观存在的）。这里教师可以展示条形磁体和蹄形磁体的磁感线，并强调在磁体的外部，磁感线是由N极出发，回到S极（和电流的路径有相似之处）。

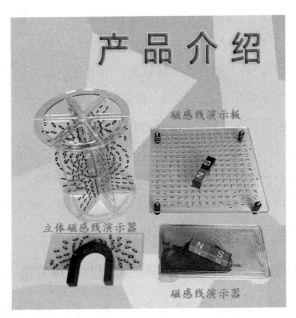

图3

这个环节是本节课的重难点，由于磁场看不见摸不着，很多学生在理解的时候存在一定的困难。因此我们由简单的条形磁体去探究，从小磁针出发，如果为了达到更好的效果，学生会想到增加小磁针的数量，但是小磁针数量越多，实验的难度系数就越大，因此这里教师可以通过铁粉来给学生们进行演示实验，包括展示一些相应的磁感线演示器，来加深学生对于磁感线分布的理解。

进而继续设置问题，磁感线的分布可以归纳为几种类型？

学生进行交流讨论，逐步归纳出五种类型的磁感线分布（如图4所示）。当然教师在这里也要对磁感线其他性质进行补充和讲解，以巩固学生的学习效果。

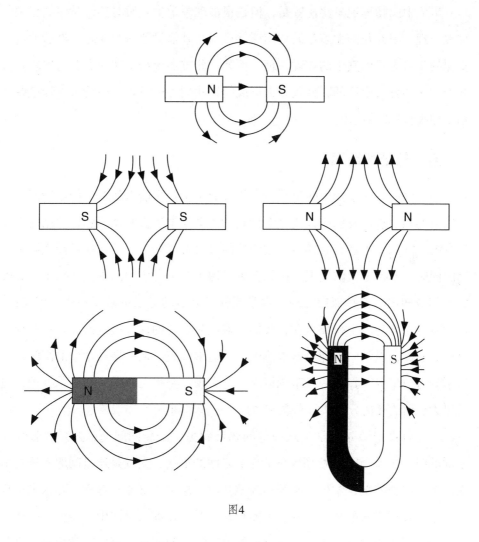

图4

四、首尾呼应，解答开篇的疑问

学生自学地磁场。发现地球周围存在着磁场——地磁场，知道地磁场类似一个巨大的条形磁体，地磁的南极在地理北极附近，地磁北极在地理南极附近，但并不重合，而是略有偏差。（教师补充磁偏角的概念。）学生们既找到了指南针为何南极指南、北极指北的答案，也找到了司南的工作原理。同时也可以让学生们自己去查阅资料，找一找自然界和生活中还有哪些现象和地磁场有关，激发学生去发现物理与社会生活的联系。

生活中的物理现象比比皆是，但是很多现象学生是暂时还没学习到相关的物理原理，因此我们大多数的物理课都可以在开篇设置一个问题，然后通过一堂课的学习去找到其中的物理原理。例如，北方冬天结了冰的衣服为何能直接变干？比如夏天雨后的彩虹是怎么形成的？我们可以设置一些情景，让这些问题更加吸引我们的学生。

五、总结和反思

一堂好课不只是知识的传授，九年级的学生自学能力足够他们读懂课本一半以上的知识点。我们应该通过设计教学活动让学生去发现问题，并用所学知识去解决问题。当然有时候需要教师提前去设置问题，让学生通过探究解决问题的同时，掌握相应的知识。比如在本堂课中，笔者借助问题，让孩子去突破磁的相应知识，但是课后发现，本堂课的探究活动可以更紧凑一些，探究1、2、3可以整合为一个探究活动，我们不能认为热闹的课堂就能落实培育物理学科核心素养，教学中不能只追求热闹，只追求探究，从而导致学生的高阶思维得不到有效培养。作为一些基础概念，笔者现在觉得可以做一些简单处理，也可以为后面的磁场分布学习和探究多预留一些时间。

一堂好课应该是把学生从一个问题带到另一个新的问题，这需要教师在备课的时候统筹全篇，做好每一个环节之间的衔接，尤其是通过问题来进行衔接。为了寻找答案，学生们必须不断地学习、思考、交流、探索。在这个过程中，学生物理学科的核心素养能不断得到提升。比如本堂课中，磁性、磁体、磁极的学习可以引导出磁极间相互作用的探究，包括这里可以让学生对比之前电荷间的相互作用，对比总结在物理学习中还是比较重要的。

生活不缺乏美，物理也不缺问题，如何设置问题，是我们问题导学能否成功的关键。问题设置得好，学生的注意力一下子就被吸引住了，学生的求知欲将被极大激发。设置问题并不是仅仅为了解决问题本身，而是通过课堂的探索过程，使学生得到锻炼，使学生的思维得到充分的发散和多元化的发展，进而培养学生的创新思维品质和创造力。在进行科学探究的时候，我们既要帮助他们去找寻科学规律，更要养成正确的科学态度。

参考文献

［1］李建锋，熊华. 促进深度学习的问题驱动教学研究：以"光的直线传播"为例［J］. 中学物理教参，2022（3）：8-10.

［2］冯彬. 走进问题导学创建学本课堂［J］. 中学生物教学（教学研究），2022（2）：42-43.

［3］袁鑫. 初中物理教学中培养学生核心素养的途径［J］. 家长，2022（18）：93-95.

备注：本文在《东方文化周刊》（国际刊号ISSN1007-7316，国内刊号CN32-1464/G0）2023.03上发表。（原题为《核心素养导向下初中物理项目式学习设计——以"磁现象磁场"为例》，本文题目等略有改动）

基于初中物理核心素养的"问题导学法"在课堂教学中的应用

——以"电流与电压和电阻关系"教学为例

人大附中深圳学校　赵雪璠

新的教学模式探究为了更好地促进教学效果和教学效率，立足服务于学生，并不能理解为抛弃传统教学模式。传统教学中的精髓部分要合理的延续和利用，"问题导学法"是在传统教学的基础上研究和改进，更优于传统教学的一种模式，现就针对初中物理人教版九年级第十七章欧姆定律第1节"电流与电压和电阻关系"这节课简单阐述。

一、创设情境，导入新课

俗话说，良好的开端是成功的一半，一个好的引入能立马抓住学生的眼球，激发学生的求知欲望和进一步探究学习的兴趣。有些课节的引入是相对比较简单的，一段视频、一个故事、一个实验、一个魔术、一个问题等，往往一两分钟的开题导入就能起到很好的效果。有些课节新课引入往往比较困难，教师绞尽脑汁也不尽如人意，课堂引入是为了更好地服务本节课，如果实在找不到合适的方法，可简单利用教材知识引入，不可为了引入而引入，生搬硬套。

初中物理人教版第十七章欧姆定律第1节"电流与电压和电阻关系"这节课，我觉得一般的课堂引入很难吸引学生的眼球，本节课围绕电流、电压和电阻三个物理量展开，如何把它们联系在一起是本节的研究内容。

因此笔者设计以问题的形式引入："本节课的课题中是电流与电压和电阻的关系，为什么教材以这样的标题命名？"同学们接收到问题之后，很容易联想到之前学过的知识，电压是电流产生的原因，电阻阻碍电流的流动，这样的导入很容易地为本节探究结论打下了良好的基础。

二、出示目标，自学提问

良好的课堂引入是为了更好地学习课程，而学习目标的设定是指导学生学习什么、怎么学习，为学生学习提供了路径，学习目标设定是课堂学习重要的环节，本节的学习目标可以这样设定。

（1）通过设计实验和探究实验得出电流与电压、电阻的关系。

（2）熟悉控制变量法在实际探究过程中的使用。

（3）会观察、收集、分析实验现象和实验数据绘制图像进而得出结论。

有了好的学习目标，同学们的学习就有了"导航仪"，对研究本节问题有了好的指导，教师此时组织学生阅读教材，结合学习目标和对学习目标的理解，对本节课提出问题，化整为零，逐步学习达成目标。

学生在阅读教材后，要想提出好的问题，就必须对本节的课程内容有一个整体把握，对本节学习探究的方式有一定的构建，学生提出问题的逻辑性和完整性可能有不足的地方，但是能无形中激发学生的探究激情，无形中就能把物理核心素养中物理观念、科学思维和科学方法很好地应用起来。接下来让学生展示提出的问题，根据长期教学总结，学生一般都能提出这样的问题："实验电路图如何设计？器材如何选择？实验探究的步骤是什么？实验结论是什么？"等等。

三、提炼问题，深化问题

学生提出的问题需要经过小组再讨论和教师引导把问题精准化，多思考怎么才能更好地展开课堂学习。

本节确定的第一组问题是：实验电路图如何设计？器材如何选择？

学生经过小组讨论并参照教材能把实验电路图设计出来，教师要引导学生明白为何要如此设计电路？本节课研究的是电流与电压、电阻的关系，因为电路中必须要有测量电流和测量电压的工具，该实验属于探究性实验，为了排除偶然性寻求普遍规律因而需要多组电流、电压和电阻值，滑动变阻器能更方便地改变电阻两端的电压和通过电阻的电流，同时电路中定值电阻改变时又能保证定值电阻两端电压不变。电路设计就是：基本电路四部分（电源、导线、开关、电阻）加两表一器（电压表、电流表和滑动变阻器），俗称"4+3"。电路图学生一旦理解，后续探究对学生而言就会简单得多。

本节确定的第二组问题是：实验由几部分组成？实验探究的步骤是什么？

该问题是一个综合性强的问题，该实验由两部分组成：探究电流与电压的关系和探究电流与电阻的关系。理论上可以不考虑先后顺序，但是后者由于定值电阻的几次改变相对于前者的操作性更为复杂，按照难易程度建议先探究前者。

本节确定的第三组问题是：实验数据如何处理？如何绘制图像？实验结论是什么？

实验探究的过程是一个发现问题、分析问题、解决问题、提升能力并获取结论的过程，学生参照教材完成实验并记录数据对学生难度不大，在完成实验过程中学生会回顾很多知识，如电流表、电压表的使用，滑动变阻器的使用，电路连接等。同时学生还可能面临很多新的问题和挑战，如电路故障分析，电流表电压表量程选择，滑动变阻器规格选择，探究电流与电阻关系时设定的电压与滑动变阻器规格合理匹配，以及获取实验数据后学生如何进行数据分析绘制图像和结论得出等。教师要在必要的时候给予合理指导，帮助学生顺利完成。

在探究过程中学生的探究能力、探究精神和科学态度都能很好地体现。

四、合作探究，解决问题

前期的学习中，学生已经对学习目标的落实、问题的提出和研究的内容等有了一定的认知，接下来是学生探究问题和解决问题的关键时候，学生结合实验电路和实验步骤完成实验。

学生在合作探究的过程中，其思维能力、动手能力和解决分析问题的能力都得到了提升。在物理核心素养中的科学探究过程中学生得到了充分的实践，探究过程中科学思维和科学态度与责任都能进行很好的培养。

五、总结知识，把握要点

基于前面四部分的深入开展，学生的知识探究过程已经基本进行完毕，对于学习能力和理解能力强的学生，对本节课的知识结构已经在建立框架，知识脉络比较清晰。但是有部分学生对于本节课的基本概念、结论得出的过程以及实验用到的探究方法等还是稍显迷茫，此时，及时地对知识进行总结、提炼要点也显得尤为重要。

教师组织学生总结归纳知识，两到三小组的发言总结之后，本节的知识脉络会逐渐明了，知识覆盖面也会基本齐全。教师根据实际情况及时总结提炼，让知识清晰全面地浮出：电阻一定时，电流与电压成正比；电压一定时，电流与电阻成反比。同时实验过程中电路的设计、连接、电流表、电压表和滑动变阻器的使用，控制变量法的应用和练习、小组共同合作的数据记录和分析的有效落实、实验电路可能遇到的故障和故障排除等知识也一并总结。

此时学生结合学习目标会自我判断是否达成目标，对本节课的学习内容会有更深的认识和理解。

六、及时检测，反馈达标

学习知识最终是把知识更好地应用，学生完成检测后教师及时反馈检测效果，不仅能让学生直接判断本节的目标是否达成，也能巩固复习知识，深化理解知识。同时也能让学生直接感知我们所学的知识是如何在生产生活中应用的，让学生体会到知识的魅力和作用，提升学习知识的激情。

因而，教师在设计检测反馈作业时要结合生活实际，不仅考查基础知识的理解更要侧重于知识的应用，激发学生发散思维和创新意识，让知识"活"起来，更好地服务于本节课的学习。

以上分六个环节来谈论"问题导学法"，其核心就是让学生在物理学习过程中处于主体地位，真正成为学习的主人，帮助学生更好地掌握物理观念，培养科学思维、科学探究和科学态度与责任等。不过每一种教学模式都存在一定欠缺和不足，教师在实际应用中要结合课程的内容灵活应用，吸收"问题导学法"这种教学模式的精华，不断优化课堂教学，营造活跃的合作氛围，激发学生对于物理知识探究的积极性，让学生从"生活走向物理，从物理走向社会"。

参考文献

[1] 中华人民共和国教育部. 义务教育物理课程标准（2022年版）[M].北京：北京师范大学出版社，2022.

[2] 中华人民共和国教育部. 人教版初中物理教材九年级全一册 [M]. 北京：人民教育出版社，2012.

[3] 中华人民共和国教育部. 义务教育教科书教师教学用书九年级全一册 [M]. 北京：人民教育出版社，2016.

在问题解决中通过深度学习发展学生物理核心素养

——以"密度"为例

深圳市葵涌中学　陈春燕

　　杨振宁先生曾经说过，物理学是一个多方面的学科，是活的学科，是一个与实验非常接近的学科，而不是整天在公式内打滚的学科。我们的教学太过重视知识的记忆，而忽略了对学生的引导。深度学习是指在教师引领下，学生围绕具有挑战性的学习主题，全身心地积极参与、体验成功、获得发展的有意义的学习过程。深度学习具有三个基本特征：注重批判性思维的运用，强调知识的迁移应用，面向问题解决。问题解决是深度学习的一个重要落脚点。因此，在问题解决中通过深度学习，可以让学生从知识的掌握提升到核心素养层面。

　　物理核心素养是本次高中物理课程标准修订时提出的新概念，是学生在接受物理教育过程中逐步形成的适应个人终身发展和社会发展需要的关键能力和必备品格。对于初中学生来说，笔者认为同样适用。物理核心素养主要由物理观念、科学思维、科学探究、科学态度与责任四个方面的要素构成。要发展学生的核心素养，必须从核心素养这四个方面着手。其中，物理观念包括：物质观念、运动观念、相互作用观念、能量观念及其应用等要素，而密度是其中物质观念中的重要的概念，本文以"密度"为例，为了达成深度学习，发展学生核心素养，进行了如下教学设计。

一、情境创设——引出问题

创设生动有趣的物理问题情境，提升学生解决问题的能力。物理知识不是靠记忆的方式自发的形成，需要学生的心理积极作用于环境，才能真正理解和掌握。

情境1：拿出两个外形一样的杠铃，提出：谁能将它们举过头顶？请一位学生上来体验后，提出：看上去外形一样的杠铃，为什么一个质量小一个质量大？问题的引出，有利于学生进入深度思考。学生很容易想到它们材料不同，质量不同。

情境2：两个大小不同的铁质材料做的杠铃，它们质量一样吗？请一位学生上来感受，学生很容易感受出来它们质量不一样。那它们的质量和什么有关？学生很容易联系到体积。体积越大的物体，质量越大。

情境3：一大一小的木块，体验体积大的质量小，引发认知冲突。让学生通过思考、分析，得出体积大、质量大的前提条件是：同种物质。

二、逻辑推理——新知教学

质量和体积之间有没有进一步的数量关系呢？学生容易知道它们之间存在倍数关系。提出：什么叫倍数关系？进一步引导学生得出A铁块体积是B铁块体积的2倍，那么A铁块质量是B铁块质量的2倍。因此，同种物质，质量与体积成正比。通过逐步引导，从科学思维角度培养学生的逻辑推理能力。

三、深入探究——问题解决

物理是一门以实验为基础的科学，科学情感态度与价值观在实验探究过程可以得到发扬。为了得到更确切的证据，我们需要通过实验探究物质质量与体积的关系。引导学生思考：探究物质质量与体积的关系，需要测量哪些物理量？这些物理量用什么工具测量。对于测得的物理量应该如何验证我们的猜想？

学生通过分组讨论得出：探究质量与体积关系需要先测量质量、体积。质量用天平测量，体积用什么测量？体积可以用刻度尺测量。学生通过实验测得铁、铜、铝的体积和质量。通过计算，学生发现铁这种物质，质量与体积之比相同。亲历探究过程，体验成功的喜悦，有利于学生感受自身的价值，更积极地进入深度学习状态。从而引出下一个问题：同种物质的质量与体积之比是否相同？

四、规律概括——升华学习

教育部考试中心李勇副主任指出解题的思维过程有两个阶段：第一个阶段是运用物理知识，经过分析、判断、简化、抽象后将情境化试题转化为非情境化试题；第二个阶段是运用物理知识和数学工具，经过推导和演算后实现问题解决。

为了进一步深入学习，学生需要借助数学工具处理实验数据。引导学生思考，除了用表格，还有没有更为简洁的方法？数形结合是非常重要的方法，由于学生在数学上已经学习了正比例函数图像，引导学生用图像法找出同种物质的质量与体积之间的关系。依据实验数据让学生在质量与体积的坐标图像中，找出对应点，不同物质用不同序号标出来，铁用序号①、铜用序号②、铝用序号③，见图1：

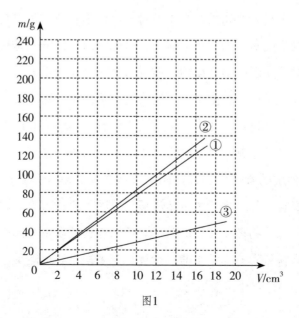

图1

如果有更多时间可以测60组数据，引导学生思考会看到什么。学生通过深入思考，得出它们分散在同一条直线上。进一步引导学生为了得到更多规律和趋势，这条直线经过尽量多的点，其他点分布在它的两侧。通过观察图像，学生可以得出质量和体积的关系：铁这种物质，质量与体积成正比。其他物质呢？学生以此类推，得出：铜这种物质，质量与体积成正比；铝这种物质，质量与体积成正比。由于它们都是过原点的倾斜直线，我们得出：同种物质，质量与体积成正比。同种物质质量与体积之比相同。这三条直线得出什么？倾斜程度不同，比值不同；不同物质，质量与体积之比不同。质量与体积之比和什么有关？学生深入学习思考得出：质量与体积之比和物质种类有关。因为不同物质，比值不同。通过创设问题情境，让学生概括规律，不断向密度概念靠拢。

五、迁移应用——解决问题

物理知识的形成需要学生对知识的理解和应用，即将已学的知识迁移到新情境之中，并做出相应决策和解决相应问题才能真正掌握物理知识。

已测得三种物体A、B、C的质量和体积，将它们在图1中找到对应的点，请学生思考它们分别是什么物质？学生通过学习，很容易辨别出它们分别在铁、铜、铝这三种物质的对应的三条直线上，由此得出他们分别是铁、铜、铝这三种物质。从而进一步引导学生得出：质量与体积之比很重要，可以用来鉴别物质的种类。在物理学中，我们引入了密度这一物理量，密度就是表示质量与体积之比的物理量。通过比值法定义了密度。接着，向学生引出密度的单位、符号、物理意义。让学生查课本密度表，了解常见物质的密度。不同物质，密度不同，密度是物质的特殊属性，建构密度概念。了解一些常用物体材料的密度，掌握密度概念。思考生活中鸡尾酒形成原因。通过解决问题，深入理解密度概念，同时，感受物理就在我们身边。已知杠铃的质量和体积，让学生计算它究竟是用什么材料做的。学生通过计算，查表得出它可能是用铁制作的。通过进一步迁移应用，强化密度概念。

六、结语

通过不断引出逐层递进式的问题，让学生经历问题解决过程。在问题解决中，通过深度学习，掌握物理知识、物理技能和物理方法，发展学生的核心素养。

参考文献

[1] 陆雪娇. 中美高中物理教材中实验的比较研究：以"抛体运动"为例[J]. 物理通报，2018（5）：99–102.

[2] 顾健，陆建隆. 基于问题解决的初中物理深度学习的思考与实践：以"物质的密度"为例[J]. 物理教师，2019，40（12）：40–42.

[3] 中华人民共和国教育部. 普通高中物理课程标准（2017年版）[M]. 北京：北京人民教育出版社，2017.

[4] 李春来. 在问题解决中通过深度学习发展物理观念[J]. 物理教师，2019，40（4）：16–18.

备注：本文发表于2021年第11期《中学生导报》（教学研究）（国内统一刊号：CN62-0021；国际标准刊号：ISSN0030-1996）。

基于核心素养的高效"问题导学式"教学探索

——以人教版"温度"为例

人大附中深圳学校　刘海波

本文以物理核心素养为目标，通过问题导学和问题设计，将"温度"的素养目标落实到具体的学习活动中，让学生在实验探究中层层深入，让学生在问题中不断思考，提升物理思维，落实学科核心素养。

一、互助合作，问题导学

物理新课标注重让学生获得体验，科学探究在得出结论的同时更注重过程，教学中要充分体现学生的主体作用。本节课教学采用"互助合作问题导学式教学法"，即：在教学中，进行课堂预习—教师引领—分组探究—交流展示—反馈提升五个环节，使学生学习内容不是以传授为方式，而是以实验活动的形式呈现的，让学生在实验探究中层层深入，让学生在问题中不断思考，提升物理思维，这样不仅能唤起学生学习的欲望，而且能调动学生的积极性和主动性，为学生自由探究创造空间。

"温度"是本章知识结构的核心，"温度"和"温度计"不仅仅是本章的预备知识，更重要的是物态变化是围绕"温度是否变化"进行的。温度计是学生真正认识的第一个测量工具，我认为让学生规范操作实验仪器是十分必要的。温度的测量是学生学习本章所应具备的基本技能。

本节课教学的关键是：①经历温度计的制作过程，理解它的测温原理，体会放大和转换思想的应用。②经历使用温度计测量温度的实验过程，体会温度计的正确使用方法。因此，在指导学生学习温度计知识的同时，要注意引导学生亲身经历温度计的制作过程，培养学生的创新意识和实践能力，并能够有意识地将物理知识与生活实际相联系。使学生在参与的过程中获得成功的体验，尽可能使每个学生都得到充分的发展。

二、创设情境，提出问题

教学过程1：

在此教学片段中，教师创设视频情境和实验情境，通过收看中央电视台天气预报这一生活中常见的电视节目，引入新课。

教师：天气与我们的生产生活密切相关，下面我们通过大屏幕看一段中央电视台天气预报节目。提出问题：通过收看刚才的节目，你从中获取了哪些信息？

学生甲：看完天气节目，我知道了4月的海南已经夏日炎炎，而我们生活的黑河冰雪才刚刚融化。

学生乙：我了解了全国各大城市的天气情况，并知道了当天的最高和最低气温。

教师：刚才同学们的回答中提到了温度这个词，今天我们就来学习有关温度知识，在物理上把物体的冷热程度叫作温度。

听到教师说在课堂上观看中央电视台节目，同学们聚精会神，专心观看，通过创设以上视频情境，不但能够激发学生的学习兴趣，孕育学生热爱科学的情感，更能使学生感受到物理就在身边，感受到生活中处处有物理，从而满怀激情和希望进入新课学习。

教师：下面我们做两个有趣的小实验，学生实验（一）：用手摸一下两个盛水的烧杯外壁，并说出手的感觉。学生实验（二）：将两食指同时分别放入温水中，说出此时两食指的感觉。

学生：放入温水中的两食指感觉不相同，放冷水的手感觉手烫，放热水的手感觉手凉。

教师追问：那这杯水到底是热还是冷呢？刚才的实验说明了什么问题？

学生：实验说明依靠我们的感觉是不可靠的。

此时，师生达成共识：要想知道这杯水的冷热程度，需要用温度计进行测量，很自然地从温度引出温度计的学习。

三、实验探究，层层深入，解决问题

教学过程2：

教学活动中更应关注学生学的活动，激发学生自主学习的积极性，使课堂学习真正面对学生。为此，在这片段中，采用小组合作式学法，实验探究，层层深入。

教师：仔细观察你桌子上的温度计，说出它的构造。

学生：通过我的观察，温度计是由玻璃泡、中间很细的玻璃管、刻度以及单位等构成。

通过观察使用温度计，熟悉温度计，为自制温度计做好铺垫。

教师：用你桌子上的温度计测出你想知道的温度。

同学以两人为小组进行实验，但是很多学生在操作中是不规范的。

学生充分动手操作，教师分别将学生汇报的测量结果板书在黑板上。有的学生的结果有准确单位，有的没有准确单位，教师一并将其写在黑板上，为后面学习温度单位做铺垫。对于温度计，从生活的角度来说学生并不陌生，但是从物理的角度来说学生欠缺的知识还是有很多的，为了使学生能够从物理的角度尽快熟悉温度计，并为自制温度计做好铺垫，为此教师设计了以上的学习活动。

教师：利用桌上的器材自制温度计，器材有小药瓶、橡皮塞、两根粗细不同的吸管、红色钢笔水等。

学生：把红色钢笔水装满小药瓶，把吸管插入小药瓶中，这样就做好了自制的温度计。

教师：用自制的温度计测烧杯内的热水和冷水的温度，并观察现象。

学生：把自制的温度计放在热水中，看到吸管的液面上升。

学生：随后我又把自制温度计放在冷水中，看到吸管的液面下降。

教师：请同学们思考，液面为什么会上升或下降呢？

学生：我认为小药瓶的红色钢笔水受热体积膨胀而上升，同时小药瓶的红色钢笔水遇冷体积收缩而下降。

教师总结：常用温度计就是利用煤油、酒精等液体的热胀冷缩特性制作的。

课本上虽然有自制温度计的实验，但是经笔者的亲手操作发现，对于学生来说，完成课本上的实验有很大的难度。为此，教师对课本上的实验做了改进，不用一端封闭的玻璃管，而是用喝牛奶或者是喝饮料的吸管。课本上的实验见图1，改进后的实验见图2：

图1

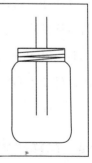

演示　自制温度计

在小瓶里装一些带颜色的水，配一个橡皮塞，橡皮塞上插进一根一端封闭的细玻璃管。把细玻璃管封闭的一端加热，使玻璃管内的空气跑出一些，迅速用橡皮塞塞住瓶口。

将小瓶放入热水里，观察细管中水柱的位置，然后再把小瓶放入冷水里，观察水柱的位置。

图2

改进之后发现，不但实验操作的难度降低，而且效果非常明显。同时，将课本上的演示实验改成学生分组实验，不但能够调动学生的主动性，更能够通过温度计的制作培养学生的创新能力。

教师：瓶内液体是膨胀还是收缩是由谁来决定的？

学生：是由烧杯内水的温度决定的，烧杯内水温度高，瓶内液体膨胀，烧杯内水温低，瓶内液体收缩。

教师：实验中为什么用细的吸管而不用粗的吸管？不用吸管行吗？为什么？

学生：用细的吸管时红色钢笔水受热上升更明显。

学生：不用吸管不行，小药瓶的红色钢笔水受热膨胀上升现象，不易观察。

教师：我们用瓶内液体体积的胀缩来反映出被测量物体温度的变化，将不易观察到的现象用易观察到的现象反映出来，这种方法叫作转换法，它是我们研究问题时常用的一种方法。

教师：我们用细的吸管将瓶内液体的热胀冷缩显示得更明显，这是一种放大思想的应用，物理上的许多实验和测量仪器的设计都应用了这种思想，希望大家用心体会。

教师关键时刻的点拨很到位，使学生从一个小实验上升到物理思想、研究方法，使学生经历温度计的制作过程，帮助学生理解温度计的测温原理——液体的热胀冷缩，体会放大和转换思想的应用。教师将教材的实验巧妙地进行了改进，这也体现出教师能够开发利用课程资源，不是教教材，而是用教材的新课程理念。

教师使用身边随手可得的物品进行探究活动和各种物理实验，可以拉近物理学与生活的距离，让学生深切地感受到科学的真实性，感受到科学与社会、科学与日常生活的关系。另外，由于这些物品本来的用途并不是进行物理实验，这种做法本身就是一种创新，不能把低成本实验仅仅看作解决设备不足问题的权宜之计。

四、环环相扣，知识内化，形成能力

教学过程3：

在本片段中，教师设计了一个对比实验用温度计和自制温度计的探究活动，很巧妙地引出课本上有关摄氏温度的内容。并且师生共同纠正一开始天气预报的温度的错误说法，与本节课的开头呼应。

教师：请同学们看一下你桌子上实验室用温度计和自制温度计，比较它们的不同之处。

学生：实验室用温度计的液泡更小，玻璃管更细。

教师：这样设计有什么好处呢？

学生：这样设计会使温度计的反应更灵敏，测温更准确。

教师：请同学们讨论思考自制温度计和实验室温度计，还有什么不同之处吗？

学生：实验室温度计上面有刻度，自制温度计上面没有刻度。

教师：如何给自制的温度计标上刻度，需要哪些器材？怎么标刻度？请同学们自学课本有关摄氏温度的内容，回答这个问题。

学生：把自制温度计的玻璃泡放在冰水混合物中记作0 ℃，把自制温度计放在标准大气压下沸水中，记作100 ℃。

学生：在0 ℃和100 ℃之间平均分成100等份，每一份就是1 ℃。

教师：如果我们还想用这支温度计测量100 ℃以上和0 ℃以下的温度，又该怎么办呢？

学生：可以继续向上和向下等分。

在这一教学片段中，在对比实验室用温度计和自制温度计这一活动中，教师设计的这几个问题环环相扣，不仅帮助学生自学了摄氏温度的知识内容，又为下面的正确使用实验室温度计做了铺垫。

教师：同学们自学课本上的有关内容，总结温度计的正确使用方法。

大屏幕上投影三种不正确的使用方法让学生辨析，从而进一步巩固温度计的正确使用方法。

教师：请同学们两人一小组正确使用温度计测量烧杯中水的温度，并展示测量过程。

同学们通过自己的努力完成了实验任务，这种喜悦不只是因为学到了知识那么简单，还让学生体会到实验成功的喜悦。

至此，学生已亲身经历了温度计知识的学习，再次使用温度计测量温度，可以更好地帮助学生巩固所学，完整地再现本节课的知识，使知识得到内化。

五、树立教学整体观，落实学科核心素养

（一）教学目标设置

本节课教师能够有效分析学生的知识点，比如温度计，从生活的角度来说学生并不陌生，但是从物理的角度来说学生欠缺的知识还是很多的。为了使学生能够从物理角度尽快熟悉温度计，因此教师设计了观察温度计构造，自制温度计，用自制的温度计测温，对比实验用温度计和自制温度计的不同之处，正确使用温度计测量液体的温度等实验活动。教学目标设置合理有效，并将三维目标有机整合，真正体现了对三维目标的落实。

重构学习单元。以落实学科核心素养为目标，在细化课程标准的基础上，系统分析课程内容所承载的价值，根据学生实际情况，设计以解决问题为中心，实现学生学习的学习单元。比如在人教版八年级上册第三章"物态变化"一章中教材的编排顺序为"温度""熔化和凝固""汽化和液化""升华和凝华"，"温度"是本章知识结构的核心，"温度"和"温度计"不仅仅是本章的预备知识，更重要的是物态变化是围绕"温度是否变化"进行的。物理学科核心素养包括物理观念、科学思维、科学探究、科学态度与责任，教师可以尝试从本章的温度、物态变化、熔化、凝固、汽化、液化、升华、凝华等物理概念设计一个课时，再将温度计的使用，探究固体熔化时的温度变化规律，探究液体的沸腾测量实验和两个探究实验整合为两个课时让学生在实验室完成。教师可以尝试从本章的物理观念、科学探究等设计进行单元整合教学。

（二）教学过程

在课堂教学中由教师的教注重向学生的学积极转变，在今后的课堂教学中，教师讲得再精彩，讲得再眉飞色舞，但是下面的学生昏昏欲睡，这一定不是高效课堂，因此要让学生们知道：学习是他们自己的事情，学习必须发生在他们自己身上，培养学生自主学习能力，在物理课堂教学中，教师要始终以学生为本，将他们"置于课堂的正中央"，引领学生自主学习、探究学习、合作学习，促进学生动手动脑学物理。教师充分调动学生学习的积极性，引导学生发散思维，让学生亲历实验探究过程，提升探究的意识和实验技能，发现规

律，形成结论，提升思维。

教学中紧紧围绕教学目标创设情境，又能充分发挥情境的作用，本节课通过创设视频情境和实验情境，不但能够激发学生的学习兴趣，及时引导学生从情境中运用物理语言提炼出物理问题，孕育学生热爱科学的情感，更能使学生感受到物理就在身边，感受到生活中处处有物理，从而满怀激情和希望进入新课的学习。

教师在自制温度计的实验中将教材上的演示实验改为学生实验，不但能够调动学生学习的主动性，更能够通过温度计的制作培养学生的动手操作能力和创新能力。它体现了新课程理念下的全员参与性，以学生的发展为本的理念。通过亲身经历温度计的制作过程，学生能更容易地理解温度计的测温原理及温度计上1摄氏度的规定，有效地突出重点，突破难点。

（三）教学媒体

在教学媒体上教师能够利用现代多媒体有效开发课程资源，多媒体课件现象直观，易观察，易理解，重体验，实验内容正确，紧扣教学内容主题，重视过程，能够为突破难点发挥作用。最后通过大屏幕播放《温室效应》短片，使学生感受到环境与温度，对学生渗透德育，教育学生关注环境，提倡低碳生活方式。

备注：来源于黑龙江教育出版社《透析物理课堂——来自初中教学一线的研课报告》刘海波《温度计》有删改。

初中物理"问—探—展—评"导学型课堂
教学实践

——以"磁现象磁场"教学为例

深圳市高级中学龙岗学校　王伟芳

人教版九年级"磁现象磁场"一课主要侧重于让学生了解一些磁现象，建立起磁场的概念，为建立电磁联系做知识铺垫。让每一位学生感悟磁场的存在并经历描述磁场的探究过程，是每位初中物理教师都需要突破的核心问题。笔者对"磁现象磁场"一课进行教学设计与课堂实践，探索以高质量教学为基本理念的"问—探—展—评"导学型课堂。

一、问题的提出

"磁现象磁场"由"磁现象""磁场"和"地磁场"三部分构成，"知道磁体周围存在磁场，会用磁感线来描述磁场"是本节课的教学重点和难点。尽管学生在小学阶段学习了简单的磁现象，且在八年级经历构建光线模型的过程，并在学习生活中积累了丰富的知识经验，但是如何突破"如何让磁场可见""用什么显示磁场""如何描述磁场"等系列关键性问题，对授课教师来说仍具有一定的挑战性。

笔者采用"问—探—展—评"导学型课堂教学模式进行"磁现象磁场"的教学。"'问—探—展—评'三阶段一评价"的课堂教学模式，是以问题引导探究，以探究来解决问题，以展示交流来优化深入理解问题，以贯穿整个课堂教学的沉浸式评价来及时反馈和修正问题，从而培育学生的物理核心素养。

二、教学的过程

（一）以问引探，深化物理观念

科学哲学家波普说："正是问题激发我们去学习、去发现知识、去实验、去观察。"事实上，问题不仅是科学家开展探索的源泉，也是学生进行学科学习的起点。在课堂教学中，教师应采用问题导引式教学，用一系列环环相扣、层层推进、富有逻辑关系的问题引导学生动手动脑分析和解决物理问题，让学生经历概念建构的过程，加深概念和规律的理解，逐步形成正确的物理观念。

教师播放南北极附近地区上空出现的极光现象的视频（如图1所示）后，提出问题：极光是怎么产生的呢？让学生带着问题进入本节课的学习。

图1

分组探究1：学生以小组为单位，利用图2所示器材设计实验方案探究磁体能够吸引哪些物质。

图2

学生展示1：用条形磁铁的一端依次靠近各种金属，观察实验现象。

教师补充金属钴也能被磁体吸引后，直接引出磁性、磁体的概念，并用图片展示生活中的常见磁体。

教师提问：磁铁不同位置的磁性强弱一样吗，你的依据是什么？

学生展示2：用一个回形针分别去靠近条形磁铁的不同位置，我们发现磁铁两端能吸住回形针，而中间部位却不能。

教师进一步引导：能不能进一步改进实验，用回形针吸起的个数实现磁铁不同部位磁性强弱的同步对比？

学生提出在桌面上均匀地铺上一层回形针后放入条形磁体，拿起条形磁铁后，观察回形针的分布情况。

学生在教师的引导下知道磁极概念，并根据实验现象推断出一个磁体有两个磁极。

教师提问：用来辨别方位的指南针也有两个磁极，条形磁铁的两个磁极在指向性上有区别吗？你是怎么判断出来的？

学生展示3：自由转动悬吊起来的条形磁铁，磁铁静止时指南的一端是磁体的南极，指北的一端则是磁体的北极。

教师点评：这位同学得出的这个结论严谨吗？

学生：一次实验可能是碰巧指南北，我们要多试几次避免偶然性。

教师追问：为什么会出现这种现象？

学生：磁体受到地球的吸引。

教师提问：磁体受到地球吸引力的作用，那磁极间是否存在相互作用？你能不能设计实验佐证你的猜想？

学生展示4：将条形磁体的南北极分别依次靠近小磁车（或者小磁针）的南北极，观察实验现象，总结得到磁极间的相互作用规律。

设计意图：通过播放炫丽奇妙的极光现象激发学生的学习欲望后，教师通过设计衔接严密逐层递进的问题，即"磁体能够吸引哪些物质""如何证明磁体不同位置的磁性强弱不同""磁体的两个磁极在指向性上有什么区别""如何设计实验探究磁极间的相互作用"等，引导学生开展实验探究，让学生在分析和解决系列问题中深入理解相关概念，捋顺知识脉络，巩固实验技能，建立正确的运动和相互作用观。

（二）以问导思，提升科学思维

现代思维科学认为问题是思维的起点，也是创造的前提，一切的发明创造都是由问题开始的。在日常教学中，要想发展学生的思维能力，教师不仅要教学生学习物理知识，更要教学生学习隐藏在知识背后的科学方法。

为了帮助学生理解磁化概念，在研究磁体各部位磁性强弱的实验中，教师进一步追问：没有接触磁体的回形针，受到了一个与重力方向相反的力，这个力的施力物体是谁？

为了更好地帮助学生解决问题，教师引导学生将模型简化为被磁体磁化后的钢钉吸引回形针，进而将问题转化为：回形针受到的吸引力是来自钢钉还是回形针？随后教师进行了如下演示实验。

演示实验1：①把钢钉移走，磁体与回形针距离不变时，无法吸起回形针。把磁体移走，钢钉能吸住回形针。②拿来另外一把没有接触磁体的钢钉去靠近回形针，都无法吸起回形针。

演示实验2：①磁铁靠在钢钉的上端时，钢钉能吸住回形针；撤掉磁铁后，钢钉仍能吸住回形针。②吸在磁铁上的铁棒，它的另一端能吸住回形针；撤去磁铁后，铁棒无法吸住回形针。

教师在简化模型的基础上再次设计对比实验，结合演示实验1的现象可知：施力物体是铁钉，而铁钉之所以能够吸引回形针是因为磁化后的铁钉具有磁性，进而引出磁化的概念。紧接着，教师再通过演示实验2说明软磁铁和硬磁铁的区别，为后面选用铁粉而非钢屑来显示磁场的分布情况做认知上的铺垫。

演示实验3：小磁针在桌面上静止后指示南北方向，放入一个条形磁铁后，发现小磁针发生偏转，不再指示南北。在条形磁体周围的不同位置放入小磁针，发现小磁针静止时指向并不相同。

教师追问：这些小磁针和条形磁体都没有接触，磁铁是怎么对它产生力的作用的？

学生：磁场。

教师：有没有什么好办法能把看不见、摸不着的磁场显示出来？

学生：放入小磁针。

教师：根据小磁针放入磁场时受力转动来感知磁场的存在。生活中有没有类似的例子？

学生：刮风，通过看树叶、旗子飘动来判断。

教师提问：生活中，我们常借助旗子飘的方向来判断空气对旗子的作用。这是模拟某个地区的风向装置，要想知道这个地区的空气流动的方向，该怎么办？请你画出该地区的空气传播路径和方向。

图3

教师引导：风看不见，我们用小旗子来显示它的流动方向（如图3所示），并描绘出相应的风力线。类似的，磁场也看不见，你能想到什么显示它的好办法吗？

紧接着，教师安排学生分组用小磁针探究条形磁体的磁场分布情况，引导学生将同一朝向的小磁针首尾依次相连来描述磁场的走向，并用小磁针判断磁场的方向。

设计意图：从演示磁化实验到软硬磁体磁性对比实验，从绘制风力线类比迁移到粗画磁感线，教师巧妙铺设"什么是磁化现象""磁性的保存时间是否相同""磁体如何对不接触的小磁针产生作用""如何显示看不见的磁场"等阶梯性问题，运用转换法建立磁场概念，通过模型法突破磁化概念，通过类比法构建磁感线模型，从而帮助学生突破教学难点，降低认识负荷，引导学生探索发现，领悟科学方法，促进学生对新知识的有意义学习。

（三）以问解难，落实科学探究

教育心理学表明，要想让学生更加深刻地理解和掌握学科知识和研究方法，最有效的途径是让学生学会应用。要让学生学会应用，教师应该重视科学探究活动的开展，要创造条件让学生去体验感悟、展示交流。而要想更好地落实科学探究，教师教学时不能只强调探究过程，还应强调如何探究，更要强调为什么如此探究。

在学生用小磁针绘制出条形磁体的磁场分布情况后，教师提出问题：考虑到小磁针占据一定面积，要想显示磁场的各点分布，该怎么改进实验？而在学生提出用铁粉进行实验后，教师进一步追问：为什么要选用铁粉而非钢屑进行实验。随后，教师布置分组探究2：让学生用铁粉和小磁针来探究不同磁体的磁场分布情况（如图4所示），并绘制相应的磁感线。

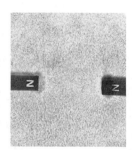

图4

随后，教师引导学生对比归纳不同磁体周围的磁感线分布的共同点。

紧接着，教师指出磁体的磁场分布是空间的，并展示条形磁体周围立体空间的磁场分布（如图5所示）。

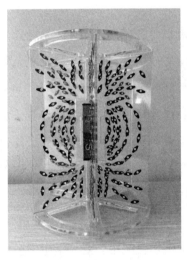

图5

教师提问：小磁针、磁体、指南针自由转动后静止时始终指南北，这是因为地球也是一个磁体，如何测出并描绘地磁场的磁场分布情况呢？

学生：在地球表面及上空的不同位置放上小磁针。

教师点评：科学家正是运用这种方法探究得到地磁场的分布情况，并得到地磁场的磁感线（如图6所示）。

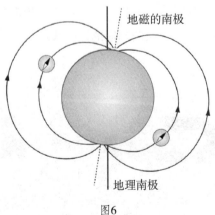

图6

教师进一步追问：观察地磁场的磁感线分布情况，你有什么发现？

在学生观察并指出地磁场的形状特点、地理的两极和地磁的位置关系以及磁偏角的存在后，教师顺势展示我国古代磁偏角现象的成就，进一步提高学生的民族自信心和认同感。

最后，教师播放极光产生原理的视频供学生观看，并指出：极光不只在地球上出现，在太阳系中其他具有磁场的行星上也有出现。地球上的极光是由于来自磁层和太阳风的高速运动的带电粒子在地磁场的导引下进入地球的大气层，并与高层大气中的原子碰撞或摩擦造成的发光现象。

教师提问：视频中高速运动的带电粒子的运动轨迹发生弯曲，这说明什么？

学生：带电粒子的运动状态发生改变，受到力的作用。

教师追问：这个力谁给的？

学生：地磁场给的。

教师进一步追问：视频中，我们还看到越靠近地球的南北极，带电粒子运动状态改变得越明显，这又是为什么？

学生：地磁场的南北极磁性最强，对带电粒子的作用力越大。

教师提问：地磁场对运动的带电粒子有力的作用，根据力的作用是相互的，那么带电粒子对磁场也有力的作用。而电荷的定向移动会形成电流，那么电流是否真的对磁场有力的作用，如果有作用，又是如何发生的呢？

最后，教师布置课后作业：请同学们课后思考，并尝试设计实验验证猜想，即"电流与磁场之间是否存在关系"，从而结束新课。

设计意图： 发展物理核心素养的目的是让学生学会学习，用科学研究的方法解决问题，用科学研究的态度探索世界。教师通过铺设"如何显示磁场分布""为何选用铁粉显示磁场""怎么探究地磁场的磁场分布""电流与磁场之间是否存在关系"等问题，引导学生体验描绘磁感线活动，总结不同磁场的磁感线分布规律，并将所学迁移到地磁场的探究中去，前后呼应且留有探究空间，为下一节电生磁做好思维铺垫。教学过程中注重学生的体验和感悟，有助于学生感受物理知识的应用，理解学科学习的社会意义，培养和激发学生学习物理的兴趣。

（四）以评促学，培养科学态度与责任

《义务教育物理课程标准（2022年版）》指出："（课堂评价的）评价内容要注重选择课堂教学真实情境中学生的行为表现。这种真实情境应贴近学生经验，引导学生不断生成问题并经历问题解决过程。"因此，课堂教学评价要真实适时有效，要充分发挥评价的育人功能，有效地促进学生的学和教师的教。

针对学生提出用同一根回形针依次靠近磁体的不同位置来探究"磁体不同位置的磁性强弱关系"，教师肯定实验的可行性后指出：能不能想想办法实现条形磁铁不同部位的磁性强弱的同步对比，由此鼓励学生对实验方案进行修正和优化。学生经过思考后，提出可以在桌面上均匀地铺上一层回形针，并在上面放上一根条形磁体，通过观察被拿起后的条形磁铁的不同位置吸引回形针的数量来比较磁性强弱关系。

针对学生通过悬吊条形磁体得出的"磁体的南极指南、北极指北"的实验结论，教师进一步追问：所得结论是否严谨，由此启发学生对实验结论进行质疑和批判。学生经过思考后，指出一次实验可能是碰巧指南北，应该多次实验避免偶然性。

针对学生提出用条形磁体和小磁车来研究"磁极间的相互作用"，教师提示学生在现有规定实验器材的情况下，能否再设计出另一种实验方案来获得同样的实验结论。学生经过思考后，补充了将条形磁体的南北极分别靠近小磁针的南北极的实验方案。

针对学生直接提出用铁粉来显示磁场的各点分布的探究方案，教师通过追问引导学生思考为什么不用钢屑来显示磁场，帮助学生再次厘清软硬磁体的区别，明晰研究磁场分布情况的探究思路。

此外，教师肯定学生探究地磁场方案的思路与科学家探究思路相似等极大地鼓舞了学生进行科学探究的信心。

设计意图：通过适时的追问与点评引导学生进行及时的评估反思，培养学生思维的深刻性、敏捷性和独创性，帮助学生逐渐形成探索自然的内在动力，培养严谨务实的科学态度以及造福人类的社会责任感。

三、反思与建议

（一）重视教学问题的设计

问题是教学的逻辑起点，如何让每堂课的问题更科学、更有效、更能启发思维，是全体教师都要锤炼的一项教学基本功。教师设计的教学问题既要符合学生现阶段的认识水平，又要充分考虑学生的学情现状，更要能引导学生在循序渐进的问题分析和解决中实现从原有的浅层知识经验生成思辨性的深层知识经验，从而实现发展科学思维的目的。

（二）促进科学方法的迁移

著名物理学家劳厄谈教育时说过，重要的不是获得知识，而是将一切已学过的东西都遗忘时所剩下来的东西。可见，真正影响学生一生并持续发挥作用的是认识知识时所用到的科学方法。教师通过铺设螺旋上升的问题链来深化学生对磁现象相关物理概念的认识，渗透科学方法的教育，并为学生运用所学分析和解决"磁场的存在和描述"这一重难点提供学习支架和展示平台。

（三）立足核心素养的培育

在物理教学中，教师不能仅仅满足于传授学生物理知识，而应该追求学生物理核心素养的可持续发展。物理学科核心素养主要包含物理观念、科学探究、科学思维以及科学态度与责任四个方面。磁现象磁场一课采用"'问—探—展—评'三阶段—评价"的课堂教学模式，以问题引导探究，以探究来解决问题，以展示交流来优化深入理解问题，以贯穿整个课堂教学的沉浸式评价来及时反馈和修正问题，帮助学生养成终身发展所需的必备品格和关键能力。

参考文献

［1］滕玉英.教学设计：注重五大策略——以"磁体与磁场"一课为例［J］.教育研究与评论（中学教育教学），2011（6）：85-87.

［2］中华人民共和国教育部.义务教育物理课程标准（2022年版）［M］.北京：人民教育出版社，2022.

［3］王伟芳.凸显科学方法发展核心素养［J］.中学物理，2022，40
（10）：42–45.

备注：本文发表在《中学物理教学参考》（ISSN1002–218X、CN61–1003/
G4）2023年10月上旬。

设置物理核心问题，提升科学探究能力

深圳市高级中学龙岗学校　王伟芳

　　教育家苏霍姆林斯基曾经说过："在人的内心深处都有一种根深蒂固的需要，这就是希望自己是一个发现者、研究者、探索者。"在初中物理课堂教学中，教师通过设计科学探究的真实情境，让学生在预设的物理核心问题引导下思考成套相互关联的问题或者开展系列相关的探究活动，以期促进学生深入的、可迁移的理解，实现学生科学探究能力和素养的提升。

一、核心问题与科学探究

　　科学探究是人类认识世界的主要方法，也是人类改造世界所必须具备的一种关键能力和科学素养。美国芝加哥大学施瓦布教授建议，教师必须用探究的方法教科学，而学生也必须用探究的方法来学科学。

　　核心问题，是关联学生已有知识、生活体验以及当前学习内容的，能够引起学生思维困惑的，且学生经过深入思考和合作探索后能够解决的问题。因此，物理核心问题应该是有意义的、有趣的、有难度且能解决的，有助于发展学生学习能力、实践能力以及创新能力的科学问题。

　　科学哲学家波普说："正是问题激发我们去学习、去发现知识、去实验、去观察。"可见，问题是学生进行科学探究的驱动力。物理课堂上，教师可以通过设置核心问题，激励学生进行类似科学家探究科学的深度思考和实践探索，进而促进学生深入的、可迁移的理解以及科学探究能力和素养的提升。

二、典型案例分享

（一）让眼睛眨起来——"串联和并联"

串、并联电路是生活电路中最基本的两种连接方式，而认识串、并联电路的特点是识别电路和电路设计的基础。"连接串联电路和并联电路"实验是《义务教育物理课程标准（2011年版）》中规定学生必做的20个实验之一。为了更好地让学生动手动脑完成串、并联电路的实验探究过程，理解串、并联电路及相关概念与特点，我们设置了本节课的核心问题"让眼睛眨起来"，并围绕核心问题设置一系列探究活动引导学生开展学习（见图1）。

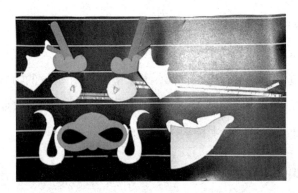

图1

活动1　让龙的眼睛亮起来。

要求学生设计电路图，用一个开关控制两盏灯，让两盏灯同时亮或者同时灭，并按照电路图连接实物图来检验自己的设计方案。学生在教师引导下观察对比分析认识串、并联电路及其相关概念，并知道串、并联电路在连接方式和电流路径上的不同之处。

活动2　让眼睛眨起来——只眨左眼或者右眼，或者同时眨双眼。

让学生以小组的方式按要求完成串、并联电路中开关的控制作用和用电器之间的关系的实验探究。学生通过观察串、并联电路中开关闭合或断开时灯泡是否发光的现象来分析、总结、归纳，得出串、并联电路中开关控制作用与所在位置的关系；学生取下串、并联电路中的一个灯泡观察另一个灯泡是否工作，并结合串、并联电路的电流路径来掌握串、并联电路中用电器之间的关系。

活动3 辨别生活中的电路连接方式。

教师重点引导学生观察日常生活的现象，如教室的灯、汽车大灯与转向灯、节日小彩灯等，让学生将所学应用到生活中去。

活动4 教师要求学生利用光敏开关和声控开关设计出只有在夜晚有人经过并发出声音时才会发光的走廊灯。

"串联和并联"这一课始终围绕着"让眼睛眨起来"这一物理核心问题展开，引导学生通过安排阶梯型递进的四个探究活动来感知和掌握串、并联电路以及相关概念和规律，课堂学习氛围浓厚，学生的探究热情高涨，学生的物理学科能力得到了极大的提升。

（二）让汽车跑起来——"热机"

大多数初中物理教师组织学生学习热机时，通常都是先利用内能做功的演示实验或者实验视频，引导学生分析所观察到的现象，即水沸腾产生的水蒸气推动橡胶塞飞离试管口，从而引出热机的工作原理。在简单介绍热机的概念和种类后，将重点介绍最常见的热机——内燃机。然后借助汽油机和柴油机的教具模型、图片或者课件详细地讲解内燃机的基本构造和工作过程。

显然，这种学习模式只需要学生被动观察，过分强调知识，割裂了学生与知识间的联系，不利于学生探究能力和学习品质的培养。为了克服这个弊端，我们设置了本节课的核心问题"让汽车跑起来"，让学生参与到热机结构的构建过程，具体的教学过程如下。

要想让汽车跑起来，我们得明确研究的对象——汽车。那汽车又长什么样呢，因此第一步就是要知道汽车的主要结构和这些主要结构的相应功能是什么。教师需要向学生展示燃油汽车的图片或者模型，并提出问题：燃气汽车的主要结构有哪些，分别有什么作用？引导学生经过观察知道汽车的四大部件，即发动机、底盘、车身、电气设备，以及每部分的大致结构和相应功能。

然后，教师提问：燃油汽车的动力心脏——从能量的角度分析，发动机是怎样工作的？学生根据日常生活观察很容易就能想到燃油汽车发动机工作时需要燃烧汽油，即将汽油燃烧释放的化学能最终转化为车轮的机械能。

接着，教师抓住这个契机顺势向学生介绍燃油汽车的设计灵感——利用内能做功的实验。学生通过观察实验现象，加深对热机的工作原理的理解。接下来，教师引导学生基于安全前提下进一步改进实验装置，让燃料燃烧释放的内能尽可能地转化为活塞的机械能，实现能量利用最大化。

学生思考讨论的改进方案：用坚固的钢制容器替代易爆易碎玻璃管；舍弃水转而直接加热空气减少热损失；为进一步减少热损失，将燃料放入钢制容器燃烧；考虑到燃料燃烧条件，给容器设计进气孔和点火装置；考虑到燃料燃烧会排出废气，给容器要设计排气孔。

接下来，教师带领学生梳理改进后的实验装置的大致结构和工作过程，再对照教材提供的汽油机发动机的构造和工作过程查漏补缺，完善自己的改进方案。最后，教师抛出问题：如何保证汽车能得到源源不断的动力？进而启发学生归纳得出：汽油机获得一次机械能输出至少要经历一个循环所包含的吸气、压缩、做功和排气四个冲程。

"热机"这一课，通过设计"让汽车跑起来"这一核心问题，通过设计阶梯式问题串，让学生沿着科学家的脚印重演四冲程汽油机的发明创造过程，在发展学生的科学思维和创新能力的同时，还能让学生更深刻体会到科学探究过程的艰辛和成功的喜悦，启发和鼓励学生进行发明创新。

三、结语

科学探究是解决核心问题的重要方式和方法，核心问题是科学探究的起点和内容。学生在真实的问题情境中，将教师提前设置好的核心问题逐渐分解转化为一系列子问题，并在成套相互关联问题的思考或者系列相关探究活动的开展过程中，完成物理知识的自主构建、实现科学探究能力和素养的快速提升。

参考文献

[1] 王书元. 初中简单电路前概念转变的教学策略研究 [D]. 苏州：苏州大学，2013.

［2］吕祖其.抓住课堂教学中培养创新意识的契机［J］.基础教育研究，
　　2008（2）：55.

［3］黄张俊.《串联和并联》教学案例［J］.物理教学探讨，2012，30
　　（6）：32-34.

［4］孙建生.巧设情境引导探究："电路连接的基本方式"教学设计［J］.
　　中学物理，2011，29（24）：36-38.

［5］金加龙主编.汽车底盘构造与维修［M］.北京：电子工业出版社，
　　2016.

备注：本文发表在《数理化学习》（ISSN2095-218X、CN23-1575/G4）
2021年3月。

第四章

初中物理问题导学

优秀课例

人民教育出版社九年级物理全一册：
20.2《电生磁》教学设计

深圳市红岭教育集团大鹏华侨中学　欧阳华乐

课题	20.2　电生磁	
课标要求	通过实验，了解电流周围存在磁场。探究并了解通电螺线管外部磁场的方向	
教学内容	人民教育出版社九年级物理全一册第二十章《电与磁》的第2节《电生磁》	
教材分析	本节内容由"电流的磁效应""通电螺线管的磁场"和"安培定则"三部分构成。本节教材是在学生学习了简单的磁现象和电现象的基础上，通过奥斯特实验认识电流的磁效应，知道通电导体周围磁场的方向与电流的方向有关；观察通电螺线管周围铁屑的分布情况，确认通电螺线管外部的磁场与条形磁体的磁场相似；通过实验探究通电螺线管磁极的性质与电流方向的关系，在此基础上介绍安培定则。本节课将为后面学习电动机和磁生电等内容打下基础	
学情分析	学生刚刚学习了简单的磁现象，知道了磁体周围存在磁场以及磁极间的相互作用规律；知道磁场是有方向性的，并且对放入其中的磁体有力的作用；对条形磁铁的磁场有了一定的感性认识。本节课所涉及的电学部分知识，只需学生知道在实验中如何形成电流和判断电流的方向，而对于这些知识绝大多数的同学都已经掌握。另外，通过从八年级到九年级一年多的学习，九年级的学生已经有了一定的科学探究意识，并初步具备了开展"电与磁"科学探究实验的基本能力	
教学目标	物理观念	1. 了解电流的磁效应的含义。 2. 知道通电螺线管的磁场与条形磁体的磁场相似。 3. 会用安培定则判断通电螺线管两端的极性或通电螺线管中的电流方向

续 表

教学目标	科学思维	1. 通过让小磁针动起来的对比实验，让学生科学推知通电导体与磁体一样，周围存在磁场。 2. 通过通电螺线管与手电筒的对比实验，引导学生分析判断出通电螺线管磁场加强的原因
	科学探究	1. 让学生在探究通电螺线管外部磁场分布特点的过程中，了解科学探究的一般流程和基本方法。 2. 通过多个对比探究实验，提高学生观察、收集、分析、判断、归纳、提炼等方面的能力
	科学态度与责任	1. 通过奥斯特发现"电生磁"的故事，让学生认识到自然现象之间存在相互联系，激发学生探索自然界奥秘的兴趣；培养学生追求真理、百折不挠的科学精神，领会探索物理规律的方法。 2. 通过安培定则的学习，激励学生要养成仔细观察、勤于思考的良好习惯和善于发现、开拓创新的优秀品格，掌握解决问题必要的方法与技巧

教学重点	电流的磁效应；通电螺线管外部磁场分布，通电螺线管的极性与电流方向的关系
教学难点	运用安培定则，判断通电螺线管两端的极性或通电螺线管的电流方向
教学方法	观察法、实验法、探究法、讨论法、归纳法
教具准备	（自制的创新装置）通电螺线管磁场的模拟立体显示装置、稳压电源、小磁针（大小型号的各两枚）、铜棒、手电筒、螺线管、导线多根、圆筒、条形磁铁、铁屑、多媒体课件等
学具准备	（提前让学生准备，有些器材在做拓展性课外作业时要用） 一个圆筒、三根导线、两节干电池、一枚小磁针、一支笔、一个大铁钉和一些大头针
教学流程	由多媒体展播电与磁对人类产生巨大影响的视频引入新课（电与磁联系的探究之旅）—探究任务一：如何让小磁针动起来（引发学生对奥斯特实验的本质"电流的磁效应"的思考）—探究任务二：初步认识通电螺线管（通过手电筒与螺线管的对比实验引出"螺线管"的概念）—探究任务三：自制一个螺线管（通过实践操作，为后面"安培定则"的学习扫清障碍）—探究任务四：探究通电螺线管外部的磁场的特点（通电螺线管外部的磁场和条形磁体的磁场相似）—探究任务五：实验探究通电螺线管两端的极性（一端是南极、一端是北极）—探究任务六：探究通电螺线管两端的极性与其电流方向的关系（安培定则）—学以致用（课堂练习）—课堂小结—课外作业

教学过程			
教学环节	教师活动	学生活动	设计意图
课题引入	【情景引入】 播放有关"磁与电（指南针、郑和下西洋、极光、电灯、电能、高铁、芯片等）"对社会发展带来巨大影响的视频，引发学生的思考：是谁揭开了电与磁之间联系的谜团？并由此引入新课：从这堂课开始，我们将追寻科学家们的足迹，开启电与磁联系的探究之旅	学生观看视频、听教师如诗般的朗诵，引发学生的思考	1. 在历史长河中"电与磁"推动了人类社会的巨大进步，以此激发学生学习与探究的兴趣。 2. 从指南针的应用、郑和下西洋等经典事迹，激发学生的爱国热情
新课讲授	教师活动	学生活动	设计意图
知识板块一：电流的磁效应	探究任务（一）：让小磁针动起来。桌面上有枚小磁针，请问有什么办法可以让其动起来呢？ 1. 请同学们将自己的方法写下来。 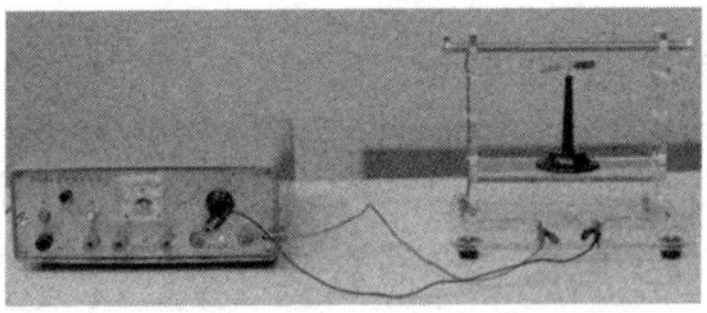 2. 是否还有其他的办法呢？请同学们观察下面实验并思考为什么？ 今天教师给大家带来一套自制的教具（如上图所示），在其中间也放有一枚小磁针。它跟刚刚这枚小磁针一样，在地磁场的作用下，静止时，总是一端指南，一端指北。当我拿这个铜棒去靠近小磁针时，请注意观察这枚小磁针是否会发生偏转，为什么？但当我把这个铜棒放在小磁针两端的支架上时，请再次观察这枚小磁针是否会发生偏转，为什么？ 教师：请同学们阅读课本第124页和第125页的前两段，思考并回答这些	1. 让小磁针动起来的办法有： 方法一：手（或笔等）拨动； 方法二：风吹动； 方法三：敲桌子； 方法四：让铁类物体靠近； 方法五：让磁铁靠近。（这是由于磁体周围存在磁场，而磁场对磁体存在着力的作用） 2. 这套装置类似当年奥斯特实验的装置。由于地磁场的作用，小磁针刚开始静止时一端指南，一端指北。磁体与铜类物体之间没有吸引力，故当铜棒靠近小磁针时，小磁针不发生偏转。但当教师把这个	1. 通过对比实验，让学生学会一种科学探究的方法，并培养学生观察、分析与总结能力。 2. 自制教具更有利于教师操作和学生观察。 3. 在铜棒通电与不通电的对比实验后，再引导学生阅读教材，更有利于学生对"（奥斯特实验）电流的磁场"的深度思考，培养学生的观察能力、逻辑推理能力、自主阅读能力、语言表达能力

新课讲授	教师活动	学生活动	设计意图
知识板块一：电流的磁效应	问题 奥斯特实验表明：通电导线和磁体一样，周围存在磁场，即电流的磁场（电生磁）。 当教师把两个鳄鱼夹对调后重复上面实验，你发现了什么？这说明了什么？	铜棒放在小磁针两端的支架上时，铜棒与两端的导线连通，相当于合上开关，铜棒就与这套装置一起构成了通路。铜棒中有电流流过，而电流周围有磁场，磁场对小磁针有力的作用，使得小磁针发生偏转。小磁针反方向偏转，说明了小磁针受到了与原来方向相反的力的作用。又由于小磁针的受力方向与磁场方向有关，故进一步表明电流方向改变时，其磁场方向也随之改变	
	奥斯特实验进一步表明：通电导线周围存在与电流方向有关的磁场，这种现象叫作电流的磁效应。 奥斯特实验的意义：在历史上相当长的一段时间里，人们认为自然界之中的各种现象之间是互不关联的。而丹麦的物理学家奥斯特的实验给我们揭示了电现象和磁现象之间存在着一定的联系，他成为世界上第一个发现电和磁之间有联系的人（该实验也因此命名为奥斯特实验）。这一重大发现轰动了科学界，因为它表明了自然界之中的各种现象并不是彼此孤立的，而是相互联系的，偶然性之中有其必然的因素。这一发现有力地推动了电磁学的研究和发展，具有划时代的意义。希望同学们多向奥斯特学习，追求真理，百折不挠，能够像他一样为人类科技的进步多作贡献	学生倾听并思考	让学生深刻认知奥斯特实验的重要意义；同时，激发学生向科学家学习的热情，引导学生养成认真观察的习惯和坚持不懈的探究精神

续 表

新课讲授	教师活动	学生活动	设计意图
知识板块二：通电螺线管的磁场	探究任务（二）：初步认识通电螺线管。 请同学们观察下面两个实验，把观察到的现象写在任务单中，并思考为什么。 实验1：这是一个普通的手电筒，当我把开关合上时，灯泡亮了。我再把它放在小磁针附近不同的位置，看看小磁针是否发生了偏转？为什么？  实验2：这里有一根直导线和一个圆筒，如果我们将这根直导线缠绕在圆筒上，一圈、两圈、三圈，密密麻麻的，两端留有两个接头，这就制成了一个螺线管，也叫线圈。这里有一个已经制作好的螺线管，我们把红、黑鳄鱼夹分别接在其两端的接线柱上，合上开关，并让它靠近小磁针，看到的现象相同吗？为什么？ 请同学们阅读课本第125页中间部分并给教师解答这个疑问	两个实验的现象不同。通电的手电筒不能使小磁针发生偏转，而通电螺线管却让小磁针发生了偏转。 这是因为手电筒中电流的磁场太弱，不足以让小磁针发生偏转。而通电螺线管中各圈导线产生的磁场叠加在一起，磁场就会强得多，从而让小磁针发生偏转	1.通过对比实验，让学生学会科学探究的方法。 2.培养学生观察分析能力、逻辑推理能力、语言表达能力
	探究任务（三）：自制一个螺线管。 同学们，前两天教师布置大家准备一个圆筒和一根导线，现在请把它们拿出来，自己制作一个螺线管。试试有几种绕线的方法，并在任务单中画出其图像；而每种接法中，电流的流动方向分别有几种可能性？请在图中标注出来。 （提示：正面，看得见的，把它画出来；而背面，看不见的，只需想象其从一个点到另一个点，确定好相应点的位置并标注出来即可，而背面看不见的导线不用画出来）	第一种绕线方法：正面上去，背面下来，简称为正上背下。 其电流有两种流向：左进右出；右进左出。 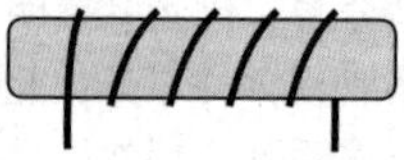	1.让学生提前准备器材，体现从生活走向物理，生活中处处都有物理。 2.自制螺线管，锻炼学生的实践操作能力。 3.培养学生的观察能力、绘画能力、归纳总结能力、表达能力

新课讲授	教师活动	学生活动	设计意图
		第二种绕线方法：背面上去，正面下来，简称为背上正下。其电流有两种流向：左进右出；右进左出 	
知识板块二：通电螺线管的磁场	探究任务（四）：探究通电螺线管周围的磁场。 既然通电螺线管周围有磁场，那么它的磁场是如何分布的呢? 请同学们在任务单里画出你所猜想的通电螺线管的磁场分布情况，并写出验证你自己的猜想所需要的实验器材和实验方案（只写大概做法）。 下面教师根据同学们所设计的方案进行实验，请注意观察并记录实验结果。 实验表明：通电螺线管外部的磁场和条形磁体的磁场相似。 拓展实验：刚刚我们所看到的是一个平面分布图形，那么有没有办法把通电螺线管的磁场模拟立体地显示出来?	学生画出自己所猜想的磁场分布情况，并写出所需要的实验器材和实验方案。 所需的实验器材：电源、开关、附着在硬塑料板上的螺线管、铁屑、小磁针、导线。 实验方案如下： 1. 在（附着在硬塑料板上的）螺线管的两端各放一个小磁针，并在硬塑料板上均匀地撒满铁屑。通电后观察小磁针的指向，轻敲塑料板，观察铁屑的排列情况。改变电流方向，再观察一次。 2. 将上面观察到的铁屑排列情况与我们所了解的有关磁体的磁场分布情况进行对比，然后进行分析判断	

新课讲授	教师活动	学生活动	设计意图
知识板块二：通电螺线管的磁场	 今天，教师给大家带来了一个自制的创新装置（如上图所示），这个装置叫作通电螺线管磁场的模拟立体显示装置，在这个装置中间有一个螺线管，两端是两个接线柱，中间有特殊配置的溶液，在溶液的底部，有一些小铁屑，下面我们通过实验来看看吧。 教师拿起这个装置上下左右摇晃，目的是让内部的小铁屑相对均匀地分布在液体之中。然后，再把红、黑鳄鱼夹接在两端的接线柱，合上开关，请注意观察。 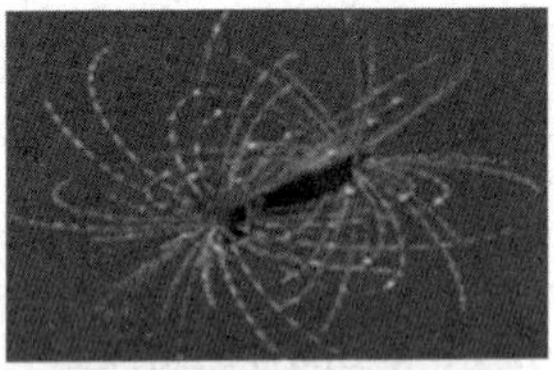 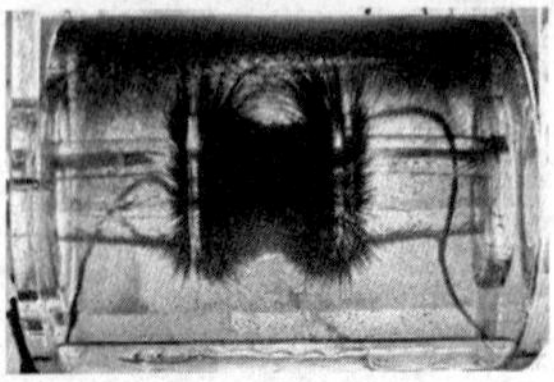 从这个实验可以清晰地看到，通电螺线管外部的磁场和条形磁体的磁场相似。在通电螺线管的两端，小铁屑较为密集，说明两端的磁场较强，相当于条形磁体的两个极，一端是南极，一端是北极		1. 让学生了解科学探究的基本流程和方法。 2. 此自制创新教具的实验让学生可以较清晰地想象出通电螺线管周围的磁场分布状态。 3. 通过从二维到三维的进阶探究，帮助学生将抽象思维转化为形象思维，既降低了思维的难度，有助于学生理解；又使实验现象更加接近客观事实，更能激发学生学习物理的热情和兴趣。 4. 此自制教具创新实验有助于激励学生努力挖掘将"无形"转化为"有形"的科学研究方法

新课讲授	教师活动	学生活动	设计意图
知识板块二：通电螺线管的磁场	探究任务（五）：探究通电螺线管两端的极性。 我们已经知道螺线管的绕线方法有两种，而每一种绕法中电流的流向又有两种可能性（共计有四种），那么我们如何来判断通电螺线管各自的南北极？请同学们写出判断其南北极的实验方案，并设计一个表格，将上述四种情形的通电螺线管的南北极记录下来。 根据大家所设计的实验方案，我们一起来完成探究实验吧。请大家将观察到的结果填入自己设计的表格中。	判断其南北极的实验方案： 先在螺线管的某端附近放置一枚小磁针，通电后，若把小磁针的南极吸引过来，即该端是其北极；反之，即该端是其南极	培养学生的探究实验设计能力、观察能力、口头表达能力
知识板块三：安培定则	探究任务（六）：探究通电螺线管两端的极性与其电流方向的关系。 我们已经知道通电螺线管两端的极性与其电流的方向有关，那么，是否有一种巧妙的办法把它表述出来，既方便记忆，又便于我们描述其中各个量之间的关系呢？ 请大家阅读课本第126页的"想想议议"到第127页中间，然后帮助教师解决这个难题。 这个方法最早是由法国的物理学家安培提出来的，为了纪念安培所作出的重大贡献，把它叫作安培定则。	不同的对象有不同的描述方法，蚂蚁有蚂蚁的方法，小猴子有小猴子的方法。 蚂蚁说：如果我沿着电流方向绕螺线管爬行，N极就在我的左边。	1. 让学生明白对于同一定则，不同的对象可以有不同的表达方式，说明事物具有多元性。 2. 培养学生的自学能力、提取有用信息的能力、归纳总结能力。

上表中的绕线方法表格：

绕线方法	电流流向	相应图像	两端极性
背上正下	左进右出		左：___ 右：___
背上正下	右进左出		左：___ 右：___
正上背下	左进右出		左：___ 右：___
正上背下	右进左出		左：___ 右：___

续 表

新课讲授	教师活动	学生活动	设计意图
知识板块三：安培定则	【安培定则可以概括为12个字：伸右手，顺电流，弯四指，拇指北】 借助安培定则，我们可以非常简便地描述出通电螺线管两端的极性跟其电流方向之间的关系。这也就告诉我们，平时我们要多动脑筋、勤于思考、注重总结，那么我们就有可能会有所发现、有所创新，就有可能获得一些非常有价值的方法	猴子说：如果电流沿着我右臂所指的方向，N极就在我的前方。  安培定则：用右手握住螺线管，让四指指向螺线管中电流的方向，则拇指所指的那端就是螺线管的N极。 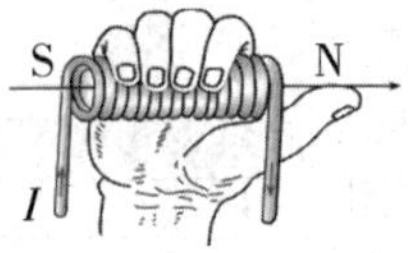	3. 将安培定则概括为12个字，有助于学生理解与记忆，为学生的学习扫清障碍。 4. 用安培的故事激励学生要多动脑筋、注重总结、开拓创新
学以致用	下面我们一起来练习一下吧。 习题一：根据通电螺线管的N、S极，在图中分别标出电源的正负极和两小磁针静止时的N、S极。 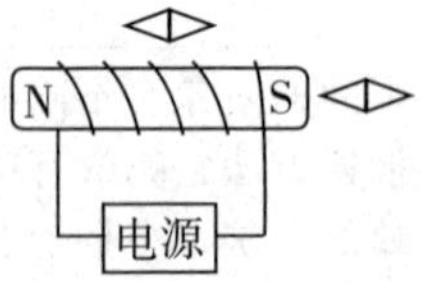 习题二：请在图中画出通电螺线管的绕法及磁感线的方向。 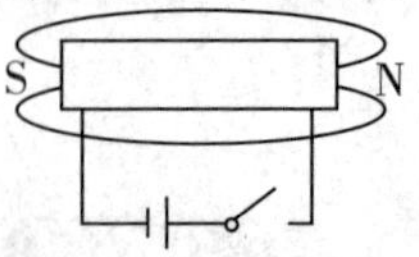 可见，利用安培定则可以解决的问题如下。	学生根据刚刚所学知识完成练习	1. 促进学生能力迁移，能够学以致用。 2. 引导学生养成总结提炼的良好习惯，把握解决这类问题的基本思路

新课讲授	教师活动	学生活动	设计意图
学以致用	1. 由螺线管中的电流方向，判断通电螺线管的N、S极； 2. 已知通电螺线管的N、S极，判定螺线管中电流的方向； 3. 根据通电螺线管的N、S极以及电源的正负极，确定螺线管的绕线情况		
课堂小结	请同学们用思维导图构建本节课的知识框架	学生既可以自己总结本节课所学内容，也可以相互交流	促进知识的巩固掌握，提升学生的归纳总结能力、交流表达能力
课外作业	1. 请同学们在完成本节课的学习后，点击链接答题完成作业。作业时长约为8分钟。答题提交后根据答案，评估自己本节课的学习效果。（https://ks.wjx.top/vm/hXLIOdr.aspx） 2. 拓展性作业（动手做一做）：找一段导线，两节干电池，一支笔、一个大铁钉和一些大头针。先把导线缠绕在笔杆上，做成一个螺线管，给螺线管通电后，让它吸引大头针；然后再把导线缠绕在大铁钉上，也让它吸引大头针。对比两次结果，想一想，如何增强通电螺线管的磁性	学生课外完成作业	1. 常规性作业：题目难度有分层，便于不同层次的学生选择完成。 2. 拓展性作业（动手做一做）：既巩固今天所学知识，又将课内学习与课外探究结合起来，锻炼学生实践操作能力，还为下一节电磁铁的学习做好铺垫

备注：该作品在广东省中小学实验精品课大赛中荣获一等奖。

附：

《电生磁》学习任务单

课程基本信息					
学科	物理	年级	九年级	学期	全一册
课题	20.2电生磁				
教科书	人教社物理九年级全一册（2013年6月第1版）				

学生信息		
班级	姓名	学号

学习目标

1. 了解电流的磁效应的含义；
2. 知道通电螺线管的磁场与条形磁体的磁场相似；
3. 会用安培定则判断通电螺线管两端的极性或通电螺线管中的电流方向

学习准备

一个圆筒、三根导线、两节干电池、一枚小磁针、一支笔、一个大铁钉和一些大头针

学习方式

观察法、实验法、探究法、归纳法等

课前学习任务

复习"电源、电路"等相关知识；了解"磁现象磁场"

课上学习任务

【请参见：《电生磁》学习任务单（课堂用）】

推荐的学习资源

中学学科网、21世纪教育网、深圳教育云资源平台

《电生磁》学习任务单（课堂用）

班级：_____ 姓名：_____ 学号：_____

知识板块一：电流的磁效应

探究任务（一）：让小磁针动起来。

桌面上有枚小磁针，请问有什么办法可以让其动起来呢？

1. 请同学们将自己的方法写下来。

2. 是否还有其他的办法呢？请同学们观察下面实验并思考为什么？

今天教师给大家带来一套装置（稳压电源、导线、支架等），在其中间也放有一枚小磁针。它跟刚刚这枚小磁针一样，在地磁场的作用下，静止时，总是一端指南，一端指北。当我拿这个铜棒去靠近小磁针时，请注意观察这枚小磁针是否会发生偏转，为什么？但当我把这个铜棒放在小磁针两端的支架上时，请再次观察这枚小磁针是否会发生偏转，为什么？请同学们阅读课本第124页和第125页的前两段，思考并回答这些问题。

教师：当教师把两个鳄鱼夹对调后重复上面实验，你发现了什么？这说明了什么？

奥斯特实验表明：_____

_____。

电流的磁效应：_____

_____。

知识板块二：通电螺线管的磁场

探究任务（二）：初步认识通电螺线管。

请同学们观察下面两个实验，把观察到的现象写在任务单中，并思考为什么。

实验1：这是一个普通的手电筒，当我把开关合上时，灯泡亮了。我再把它放在小磁针附近不同的位置，看看小磁针是否发生了偏转？为什么？

实验2：这里有一根直导线和一个圆筒，如果我们将这根直导线缠绕在圆筒上，一圈、两圈、三圈，密密麻麻的，两端留有两个接头，这就制成了一个螺线管，也叫线圈。这里有一个已经制作好的螺线管，我们把红、黑鳄鱼夹分别接在其两端的接线柱上，合上开关，并让它靠近小磁针，看到的现象相同吗？为什么？

探究任务（三）：自制一个螺线管。

同学们，前两天教师布置大家准备一个圆筒和一根导线，现在请把它们拿出来，自己制作一个螺线管。试试有几种绕线的方法，并在任务单中画出其图像；而每种接法中，电流的流动方向分别有几种可能性？请在图中标注出来。

（提示：正面，看得见的，把它画出来；而背面，看不见的，只需确定其是从一个点到另一个点，确定好相应点的位置并标注出来即可，而背面看不见的导线不用画出来）

第一种绕线方法：_____。

其电流有两种流向：_____。

第二种绕线方法：_____。

其电流有两种流向：_____。

探究任务（四）：探究通电螺线管周围的磁场。

既然通电螺线管周围有磁场，那么它的磁场是如何分布的呢？

请同学们在任务单里画出你所猜想的通电螺线管的磁场分布情况，并写出验证你自己的猜想所需要的实验器材和实验方案（只写大概做法）。

下面教师根据同学们设计的方案进行实验，请注意观察并记录实验结果。

结果表明：通电螺线管外部的磁场和条形磁体的磁场相似。

拓展实验：刚刚我们所看到的是一个平面分布图形，那么有没有办法把通电螺线管的磁场模拟立体地显示出来？今天，教师给大家带来了一个自制的创新装置，这个装置叫作通电螺线管磁场的模拟立体显示装置，在这个装置中间有一个螺线管，两端是两个接线柱，中间有特殊配置的溶液，在溶液的底部，有一些小铁屑，下面我们通过实验来看看吧。

实验表明：通电螺线管外部的磁场和条形磁体的磁场相似。在通电螺线管的两端，小铁屑较为密集，说明两端的磁场较强，相当于条形磁体的两个极，一端是南极，一端是北极。

探究任务（五）：探究通电螺线管两端的极性。

我们已经知道螺线管的绕线方法有两种，而每一种绕法中电流的流向又有两种可能性（共计有四种），那么我们如何来判断通电螺线管各自的南北极？请同学们写出判断其南北极的实验方案，并设计一个表格，将上述四种情形的通电螺线管的南北极记录下来。

学生实验方案：

学生设计实验数据记录表格：

（教师根据学生们设计的实验进行探究，请大家将观察到的结果填入相应的表格中）

知识板块三：安培定则

探究任务（六）：探究通电螺线管两端的极性与其电流方向的关系。

我们已经知道通电螺线管两端的极性与其电流的方向有关，那么，是否有一种巧妙的办法把它表述出来，既方便记忆，又便于我们描述其中各个量之间的关系呢？

请大家阅读课本第126页的"想想议议"到第127页中间，然后帮助教师解决这个难题。

学生：可以用安培定则来描述，即用右手握住螺线管，让四指指向螺线管中电流的方向，则拇指所指的那端就是螺线管的N极。

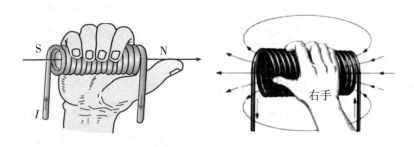

安培定则可以概括为"_____"12个字。

学以致用（课堂训练）

习题一：根据通电螺线管的N、S极，在图中分别标出电源的正负极和两个小磁针静止时的N、S极。

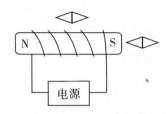

习题二：请在下图中画出通电螺线管的绕法及磁感线的方向。

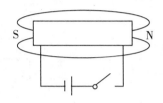

课堂小结

请同学们用思维导图构建本节课的知识框架。

20.2《电生磁》课外作业

一、基础题（必过）

1. 如图所示的奥斯特实验是为了说明（　　　）。

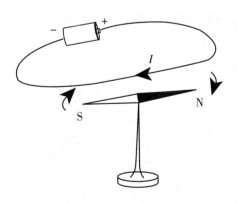

A. 地球周围存在磁场

B. 电流在磁场中会受到力的作用

C. 导线做切割磁感线运动时会产生电流

D. 电流的周围存在着磁场

2.（双选）如图所示的通电螺线管中，螺线管的左端是N极的是（　　　）。

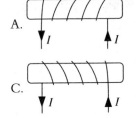
A.

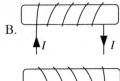
B.

C.

D.

3. 开关S闭合后，小磁针静止时的指向如下图所示，由此可知（　　　）。

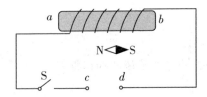

A. a端是通电螺线管的N极，c端是电源正极

B. b端是通电螺线管的N极，d端是电源负极

C. b端是通电螺线管的N极，d端是电源正极

D. a端是通电螺线管的N极，c端是电源负极

二、提高题（加油）

4. 下图中的两个线圈，套在光滑的玻璃管上，导线柔软，可以自由滑动，开关S闭合后则（　　　）。

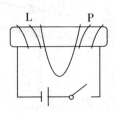

A. 两线圈左右分开

B. 两线圈向中间靠拢

C. 两线圈静止不动

D. 两线圈先左右分开，然后向中间靠拢

5. 如下图所示，按小磁针的指向标注的螺线管的极性和电源的正负极均正确的是（　　）。

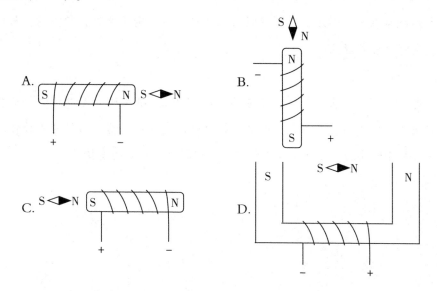

三、挑战题（冲刺）（选做题）

6. 有一环形电流，相当于一匝线圈。当电流从 A 端流入，B 端流出时，原本处于如图所示位置静止的小磁针会（　　）。

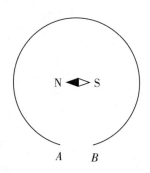

A. 水平转动至N极指向纸内

B. 水平转动至S极指向纸内

C. 顺时针转动90度至竖直位置

D. 逆时针转动90度至竖直位置

四、拓展题（动手动脑学物理）

找一根导线、两节干电池、一支笔、一个大铁钉和一些大头针。先把导线缠绕在笔杆上，做成一个螺线管，给螺线管通电后，让它吸引大头针；然后再把导线缠绕在大铁钉上，也让它吸引大头针。对比两次结果，想一想，如何增强通电螺线管的磁性？

备注："《电生磁》学习任务单"和"20.2《电生磁》课外作业"是参加广东省中小学实验精品课大赛时必须提供的配套附件，这些附件也为该作品在广东省中小学实验精品课大赛中荣获一等奖提供了必要的支持。

人民教育出版社八年级物理下册：
9.2《液体的压强》教学设计

深圳市红岭教育集团大鹏华侨中学　邱美强

学科	物理	年级	八年级	学期	第2学期
课题	9.2　液体的压强				
课标要求	一级主题：2 运动和相互作用 二级主题：2.2 机械运动和力 三级主题：2.2.8 探究并了解液体压强与哪些因素有关				
学生分析	八年级的学生思维活跃，喜欢动手操作，渴望展示的机会，教师要充分利用这个年龄段学生的心理特点。恰好实验是物理学科最重要的组成部分，我们应该利用物理学科的特色满足学生成长与发展的需求。同时八年级的学生对实验方法和实验方案往往缺乏科学性和严密性，对科学探究的真正意义还不甚明了，要加强引导和进行规范				
教材分析	《液体的压强》是初中物理第九章第2节：液体的压强是第1节在压强的概念和定义式学习后的进一步研究和应用，也是下一章浮力内容的基础。本节主体内容由"液体压强的特点""液体压强的大小""连通器"组成，通过学生对"液体压强的特点"进行自主探究，让学生体验了科学探究的过程；在探究的基础上让学生从理论上用"模型法"推导出"液体压强的大小"，符合从实践到理论的认知规律；"连通器"的应用跟社会生活实际紧密地结合，符合从物理走向社会的理念				
教学目标	物理观念	1.了解液体压强产生的原因。 2.知道液体压强的大小跟什么因素有关。 3.知道液体压强的计算公式，并能进行简单计算。 4.了解连通器的定义、特点、原理和在生活中的广泛应用			

教学目标	科学思维	1. 通过液体压强的实验现象分析和总结出相关结论。 2. 掌握液体压强计算公式推导过程的理想模型法
	科学探究	通过完成"液体压强与哪些因素有关？"实验体验科学探究的完整过程
	科学态度与责任	1. 通过观看天宫空间站和"奋斗者"号的视频，让学生认识到我国先进科技的快速发展，增强学生的民族自豪感。 2. 培养学生在实验过程中尊重事实，严谨认真的科学态度
教学分析	教学重点	利用实验定性探究液体压强的特点和推导液体压强的计算公式
	教学难点	应用液体压强特点和液体压强公式解决实际问题
	教学方法	观察法、探究法、实验法、讨论法、模型法
	教具	深筒杯16个，压强计16个，透明塑料袋16个，一次性手套16只，塑料水槽（或用塑料盆代替）16只，下端开口并蒙上橡皮膜的亚克力管1只，侧壁开口并蒙上橡皮膜的亚克力管1只，四面开口并蒙上橡皮膜的亚克力正方体1个，水、酒精、盐水若干

教学过程			
引入	教师活动	学生活动	设计意图
创设情境	1. 播放天宫空间站和"奋斗者"号下潜的视频，中国人用智慧与奋斗完成"飞天"和"入海"的壮举。 2. 提出问题：在10 909米的海洋深处，到底存在怎样的力量需要"奋斗者"号用它国产新型钛合金制成的外壳去对抗	学生感悟、思考并交流	1. 激发学生学习物理的热情。 2. 了解我国最新的科技发展。 3. 增强学生的民族自豪感
新课讲授	教师活动	学生活动	设计意图
合作探究	一、液体压强的特点 【思考】静止在桌面上的杯子，由于受到重力对支撑它的桌面有压力，因而对桌面产生压强。思考：加水后，杯中的水对杯底有压强吗？为什么？ 【实验一】教师演示实验：向如图所示的试管装水观察橡皮膜的变化，小组讨论观察到的现象，总结液体压强产生的原因及其特点。	学生思考与讨论，代表分享想法	1. 认识判断物理规律可用不同的显示方法。 2. 认识物理量的渐变，从而养成认真观察、勤于思考的习惯。

新课讲授	教师活动	学生活动	设计意图
合作探究	 小结：因为液体受到重力作用且有流动性，液体对容器和侧壁都有压强。 【实验二】引导学生完成实验，利用家中的透明塑料袋，加水，用手指按压塑料袋的侧壁和底部，出现凹陷，撤掉力后，凹陷处又在水的压强的作用下向外凸出了。 【实验三】引导学生完成实验，利用一次性手套，完成液体内部压强是否存在的实验探究。 【实验四】教师演示自制教具，引导学生认识到液体对正方体各个面的压强并不相等，即压强有大小之分？液体压强的大小跟哪些因素有关？ 	学生观察橡皮膜的变化，并思考讨论；分析得出液体压强产生的原因，并进行分享 学生进行实验，感受液体对塑料袋侧壁和底部的压强 学生进行实验，感受液体内部压强的存在 学生观察演示实验，总结实验现象，分析现象产生的原因	3.体现从生活走向物理，生活中处处都有物理

续 表

新课讲授	教师活动	学生活动	设计意图
合作探究	【实验五】探究液体压强与哪些因素有关。 （1）提出问题：液体内部压强的大小与什么因素有关? （2）作出猜想：根据【实验四】猜想液体压强的大小可能与方向、深度、液体密度有关。 （3）设计实验。 ① 液体压强与多个因素有关，应用控制变量法。 ② 如何显示液体压强的大小，应用转换法。 介绍压强计的构造和原理。 介绍压强计在使用过程中的两个注意事项： a. 气密性不佳； b. 未按压时，U形管就已经出现了高度差。 （4）完成实验，收集证据。 ① 探究液体压强与方向的关系： 	学生进行实验，体验科学探究的整个过程 认识压强计的结构和原理 进行实验 记录实验数据	1. 学习简单科学研究的实验方案。 2. 鼓励学生从物理现象和实验中归纳简单的科学规律，并能书面或口头表达自己的观点，使学生认识到分析论证在科学探究中的重要性。 3. 养成严谨的科学态度和坚持不懈的探究精神。 4. 深度不变来改变探头方向时，可能会出现各次高度差的格数略有不同，探头朝上朝下就有1~2格的差别，这是转动探头时橡胶管被挤压导致的，引导学生正确认识这种误差

次数	液体	深度/厘米	探头方向	U形管液柱高度差（小格）
1	水	10	水平朝下	
2	水	10	水平朝上	
3	水	10	水平朝下	

新课讲授	教师活动	学生活动	设计意图
合作探究	② 探究液体压强与深度的关系： ③ 探究液体压强与密度的关系： （5）分析数据，得出结论。 液体压强的特点： ① 在同种液体内部相同的深度，向各个方向的压强都相等。 ② 在同种液体内部，深度越深，压强越大。 ③ 在深度相同时，液体密度越大，液体内部的压强越大	进行实验 记 录 实 验数据 进行实验 记 录 实 验数据 归纳总结液体压强的特点	

② 探究液体压强与深度的关系：

次数	液体	深度／厘米	探头方向	U形管液柱高度差（小格）
1	水	10	水平朝下	
2	水	15	水平朝下	
3	水	20	水平朝下	

③ 探究液体压强与密度的关系：

次数	液体	深度／厘米	探头方向	U形管液柱高度差（小格）
1	水	10	水平朝下	
2	酒精	10	水平朝下	
3	盐水	10	水平朝下	

续 表

新课讲授	教师活动	学生活动	设计意图
合作探究	（6）合作与交流。 （7）评估与反思。 【动手动脑学物理】自制简易压强计 引导学生利用生活中常见的物品：吸管、气球、小饮料瓶、剪刀、胶水完成制作，并进行实验。 二、液体压强的大小 1. 公式推导 （1）方法：理想模型法。 （2）对象：液柱。 （3）推导过程： ①这个液柱的体积：$V=Sh$； ②这个液柱的质量：$m=\rho V=\rho Sh$； ③液柱对平面的压力：$F=G=mg=\rho Shg$； ④平面受到的液柱的压强：$p=\dfrac{F}{S}=\dfrac{\rho Shg}{S}=\rho gh$； 2. 公式的解读 （1）深度 h：指从该点到自由液面的竖直距离。（h_3） 	观看视频，在家自愿完成该项选做作业 在教师的引导下完成公式的推导过程 应用液体压强的计算公式，完成答题过程	引导学生体验建构物理模型的抽象概括过程，培养学生的科学思维 提高学生应用公式解决相关问题的能力

新课讲授	教师活动	学生活动	设计意图
合作探究	（2）液体的压强只与液体的密度和深度有关，与液体的质量、体积、容器的形状等因素无关。 学以致用：应用液体压强公式进行计算。 2020年11月10日，中国"奋斗者"号载人潜水器在马里亚纳海沟成功坐底，坐底深度为10 909米，成功刷新了我国载人深潜新纪录，请问坐底时"奋斗者"号所受到的海水压强是多大？（海水密度约为1.0×10^3 kg/m³，g取10 N/kg） 三、连通器 （1）定义：上端开口，下端连通的容器。 （2）特点。 教师演示：在连通器中加入红墨水，连通器各部分液面相平。提起连通器的一侧，液体不流动后，各部分液面依然相平。 总结：连通器里装同种液体，当液体不流动时，连通器各部分中的液面总是相平的。这与连通器各容器的形状无关	认识连通器 观察教师的演示实验，总结出连通器的特点 总结连通器的特点	培养学生观察、分析、总结的能力 引导学生体验建构物理模型的抽象概括过程，培养学生的科学思维 体现从生活走向物理，生活中处处都有物理

新课讲授	教师活动	学生活动	设计意图
合作探究	（3）原理。 液体不流动 ↓ 液片AB处于平衡状态 ↓ $F_左 = F_右$ ↓ $P_左 S = P_右 S$ ↓ $P_左 = P_右$ ↓ $pgh_左 = pgh_右$ ↓ $h_左 = h_右$ （4）应用：茶壶、洗手池下水管、乳牛自动喂水器、锅炉水位计、船闸……	在教师的引导下，进行连通器原理的分析	
课堂小结	1. 本课你学到了什么？ 2. 你有哪些收获？ 3. 你还有什么疑问？ 用思维导图构建本节课的知识框架	请学生总结自己的所学，也可相互交流	促进知识的巩固掌握。提升学生的交流表达能力
作业设计	1. 完成本节课的学习后，同学们点击链接答题完成作业。作业时长约为8分钟。答题提交后，可以根据答案和解析，评估自己本节课的学习效果。 （https：//ks. wjx. top/vm/mZt8hpC. aspx） 2. 选做作业：感兴趣的同学可以利用小饮料瓶、吸管、气球膜和密封胶，自制液体压强计。并完成液体压强与哪些因素有关的实验探究。（简易压强计制作的详细流程请观看微课视频11分40秒处）		

<h1>学习任务单</h1>

课程基本信息				
学科	物理	年级	八年级	学期	第2学期
课题	9.2　液体的压强			
教科书	人教社物理八年级下册（2012年10月第1版）			

学生信息		
班级	姓名	学号

学习目标

（1）知道液体压强产生的原因；

（2）了解微小压强计的构造和工作原理，通过压强计来探究液体内部压强和规律；

（3）通过理想液柱模型推导液体压强的公式，并会简单计算；

（4）了解连通器的定义、特点、原理和应用

课前学习任务

复习压强公式

课上学习任务

知识板块一：液体压强的特点

【学习任务一】观看片头视频。

观看天宫空间站和"奋斗者"号下潜的视频，谈谈自己的感想。

【学习任务二】

1.观察下端开口并蒙上橡皮膜的亚克力加水后，橡皮膜的变化情况，分析总结；

2.观察侧壁开口并蒙上橡皮膜的亚克力加水后，橡皮膜的变化情况，分析总结。

【学习任务三】

1.透明塑料袋装水后，用手指按压侧壁和底部，观察现象并思考原因；

2.带上一次性手套，观察，将手放入水槽后，再观察比较，此现象说明了什么？

【学习任务四】探究液体压强与哪些因素有关？

知识板块二：液体压强的大小

【学习任务五】液体压强的大小。

1.推导液体压强的计算公式。

2.计算"奋斗者"号在10 909米深的海底受到的液体压强。

知识板块三：连通器

【学习任务六】了解连通器的定义、特点、原理和应用

推荐的学习资源

1.央视网《透视新科技》解密"奋斗者"号

2.央视网《时代》N帕斯卡

9.2　液体的压强作业

一、课后达标检测

（时间约为8分钟，请同学们也可点击以下链接进行答题，提交后可以查看答案和解析，并评估自己的学习效果。作业链接：https：//ks.wjx.top/vm/mZt8hpC.aspx）

1. 著名的"木桶理论"：是指用木桶来装水，若制作木桶的木板参差不齐，那么它能盛下水的容量，不是由这个木桶中最长的木板来决定的，而是由最短的木板来决定，所以它又被称为"短板效应"，那么决定木桶底部受到水的压强大小的是（　　）。

A. 木桶的粗细　　　　　　　B. 木桶的轻重

C. 最短的一块木板　　　　　D. 最长的一块木板

2. 如下图的装置中，两端开口的U形管装有一定量的水，将A管向右倾斜，稳定后A管中的水面将（　　）。

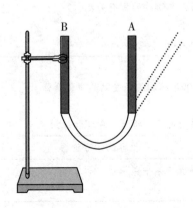

A. 高于B管中的水面   B. 低于B管中的水面

C. 与B管水面相平   D. 以上三种情况均有可能

3. 如图，甲、乙、丙三个容器中分别盛有水银、盐水、酒精，容器底部受到的液体压强相等，那么下列对甲、乙、丙三个容器中各装什么液体？

（   ）

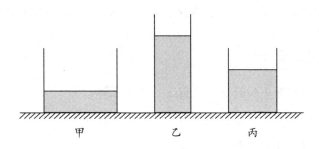

甲   乙   丙

A. 甲中是水银，乙中是盐水，丙中是酒精

B. 甲中是水银，乙中是酒精，丙中是盐水

C. 甲中是盐水，乙中是水银，丙中是酒精

D. 甲中是酒精，乙中是盐水，丙中是水银

4. 小兵同学在水平课桌上摆弄水瓶，他把水瓶从放置方式由甲变为乙，下列关于水对容器底的压强p_1以及整个容器对水平桌面的压强p_2，说法正确的是

（   ）。

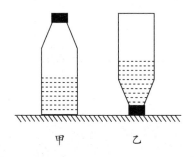

甲   乙

A. p_1不变，p_2变小   B. p_1不变，p_2变大

C. p_1变小，p_2变小   D. p_1变大，p_2变大

5. 学完《液体的压强》这一节之后，多多同学在喝水的时候想到了一个问题，将水杯倒满水之后，水对杯子底部的压强约为Pa，多多使用刻度尺测得杯子的总高度为15 cm，杯底玻璃的厚度为0.40 cm，g取10 N/kg，Pa的值为（　　）。

二、选做作业

自制简易压强计（具体制作过程请查看微课视频第11分钟34秒）

1. 所需材料与工具：吸管、气球、小饮料瓶、剪刀、热熔胶（或白乳胶等其他胶水）。

2. 制作步骤：

（1）用剪刀剪开小饮料瓶，只留下饮料瓶上部；

（2）用气球膜罩住小饮料瓶的切口，使气球膜展平；

（3）用剪刀在瓶盖上开一个小孔；

（4）将吸管插入瓶盖的小孔，用热熔胶密封吸管与小孔之间的缝隙；

（5）将一段水柱注入吸管，停留在吸管下部，拧上瓶盖，简易压强计制作完成。

3. 请用自制的简易压强计在家里完成实验探究：探究液体压强与哪些因素有关。

备注：该作品在广东省中小学实验精品课大赛中荣获二等奖。

人民教育出版社九年级物理全一册：
20.1《磁现象 磁场》教学设计

深圳市南澳中学 梁峰华

课题	20.1 磁现象 磁场
《电与磁》整体教学策略	学生在《疯狂原始人与"神"》故事的熏陶下，已经顺理完成了电学内容学习。 学生学习的积极性得到很大提高，教学效果良好。对学生来说，《电与磁》是一个全新的、有趣的内容，如何在教学中继续用故事和谜题来吸引学生，激发和保持学生学习的本源动力呢? 首先，创作《疯狂原始人与"神"》故事的续集，让修复后飞走的飞船因为"强磁场影响飞船的精密元件"这个意外又飞回来。继续电与磁的教学，为电与磁的联系埋下伏笔。其次，在教学设计中注意挖掘教材的潜力，设计有深度的导学"母问题"。重新设计学科活动，突出探究这一基本教学策略;预设导学问题，引导学生阅读教材，自主学习解决问题。最后，谜题设计上要提炼好"关键词"，巧妙地起到连接任务，保持学生学习动力的作用。 本节课的磁场是本章知识学习的预备阶段，也是本章教学的主线。预备知识的学习要为学生后面建立电与磁联系、了解电磁现象等做好铺垫。教学中，通过学科探究活动和导学问题，突破教学重难点;通过"关键词"小结构建属于学生自己的知识体系;通过课堂测评将知识转化为能力，使物理学科核心素养真正落地
教学目标	1. 了解简单的磁现象;通过实验认识磁极及磁极间的相互作用规律;了解磁化。 2. 通过实验认识磁场，知道磁感线可以用来形象地描述磁场;通过探究学会用磁感线描述磁体周围的磁场分布情况。 3. 知道地磁场

续 表

重点难点	重点：认识磁体周围存在磁场，会用磁感线描述磁体周围的磁场状况； 难点：认识磁场的存在，用磁感线来描述磁场		
教学器材	条形磁体，蹄形磁体，小磁针盒，立体磁场演示器，常见铁、铝、铜等物体，奖品		
教学方法	情境教学法、任务教学法（问题导学策略、探究活动策略）、谜题引导法等		
课时安排	第1课时，共1课时		
过程设计	学科活动与导学问题	课堂互动	设计意图
新课引入（故事）	《第二十三集返回的飞船》 时光飞逝……原始人看着渐渐飞远的"神州25号"和灯火通明的村落，回想这段时间和宇航员的相处，很是恋恋不舍。当飞船就要消失在他们的视线时……突然渐渐下降，竟然飞了回来！？ 从飞船出来的宇航员说："飞船经过原始星球北极上空时，精密元件受到强磁场影响出现问题……"原始人心里满是疑惑：为什么？请宇航员继续展示"神迹"，解答原始人疑惑，教会其电与磁的知识…… 板书：20.1 磁现象 磁场 谜题第1步：简单介绍谜题。 谜题 请你根据完成任务给出的提示，寻找最终答案。 	华夏：讲述新故事。提出新课的核心问题。 华夏：介绍谜题，提示答案是与本节相关的内容，猜出正确答案有奖	1. 新故事《返回的飞船》，激发学生对本节课的学习兴趣；借新故事提出本节课的核心问题：为什么飞船在"北极"上空会受到强磁场影响？引起学生思考。 2. 介绍谜题内容，激起学生的好奇心
任务一	任务一：请宇航员解决原始人的疑问：什么是磁现象？（约6分钟） "三千多年前"的春秋时期，地球人的祖先就发现了天然磁铁矿石吸铁的性质……"华夏"将抽取一名宇航员，完成实验：1.把磁体靠近各种物体，观察磁体能吸引什么物质？磁体什么部位吸引力最强？2.把两个磁体相互靠近，观察它们之间如何相互作用？思考其规律	华夏：学生了解任务后，选取宇航员完成任务。 宇航员：在指导下完成探究。	1. 任务一对应学科探究活动，基于课本第120页"图20.1-2和图20.1-3"设计，同时解

过程设计	学科活动与导学问题	课堂互动	设计意图
任务一	导学1：通过实验展示，帮助原始人解答下面问题。 问题1：磁体能够吸引_____等物质。什么是磁体的磁极？ 答：它的吸引能力_____的两个部位叫作磁极。能够自由转动的磁体，_____时指南的那个磁极叫作_____，用字母_____表示，指北的那个磁极叫作_____，用字母_____表示。 问题2：磁极间相互作用的规律是：同名磁极相互_____，异名磁极相互_____。 问题3：什么是磁化？了解磁化对物体有什么影响。 答：一些物体在_____的作用下会获得磁性，这种现象叫作磁化。 谜题第2步：给出部分提示。 谜·题 请你根据完成任务给出的提示，寻找最终答案。 看不见 摸不着 ? 其外部 N→S	华夏：在宇航员探究过程中，指导所有宇航员仔细观察，认真思考：磁体能吸引什么物质？磁体什么部位吸引力最强？磁极之间如何相互作用？ 宇航员：思考后回答问题。 华夏：学生回答。 宇航员：整理答案，内化知识。 华夏：完成任务一，给出谜题部分提示	决：磁体能吸引什么物质？磁体什么部位吸引力最强？接着探究两个磁体磁极间的相互作用规律。 2. 在任务的基础上重组教材设计导学问题，激发学生求知欲。 3. 通过谜题活跃课堂氛围，激活学生思维
任务二	任务二：请宇航员解决原始人的疑问：什么是磁场？（约20分钟） 导学2：通过实验研究，帮助原始人解答下面疑问。 原始人问1：两个磁极之间并没有接触，为什么会发生相互作用？ 活动1：用条形磁体靠近演示板，观察磁针的运动状态。思考：磁针的运动状态为什么会改变？ 结论1： ① 磁针受到_____的作用，说明磁体的周围存在某种物质。这种看不见、摸不着的物质，我们称之为_____。	华夏：宇航员拿出实验器材，准备进行探究。 宇航员：两个人一组进行探究。 华夏：巡视指导	1. 任务二对应探究活动的设计，基于课本第121页"实验：研究磁场的方向"设计，意图通过探究实验，使学生建立磁场的形象，进一

续 表

过程设计	学科活动与导学问题	课堂互动	设计意图
任务二	② 磁极间的相互作用也是通过______发生的。 原始人问2：磁场看不见，摸不着。那么磁体周围的磁场是怎样的？ 活动2：尝试通过间接手段，建立一种描述磁场的模型【模型法】。 ① 请你想象：条形磁体周围的磁场是怎样的？用语言向原始人描述。 ② 观察演示板内的磁针排列情况，告诉原始人是否有规律？ 把条形磁体平放在演示板中间，观察磁针排列情况。现在有规律吗？ 思考：如何利用磁针的排列规律间接地描述磁场，从而建立一种磁场的模型？ 两个重要概念： 磁场方向：物理学中把小磁针在磁场中静止时，______极所指的方向规定为该点磁场的方向。 磁感线：把磁针在磁场中的排列情况，用假想的一些带______画出来，这样的曲线叫作磁感线。 ③ 不看课本，把条形磁体周围的磁针排列规律描绘在下图，并向原始人展示。 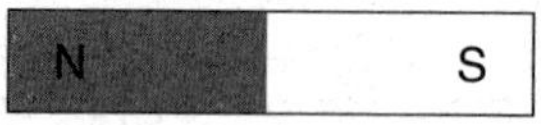 ④ 整理实验器材，再次向原始人描述条形磁体周围的磁场是怎样的？ 结论2： ① 磁场是真实存在的，磁感线______（选填“也是”“不是”）真实存在的。 ② 不同形状的磁体周围的磁场各不相同，磁感线可以______的描述它们的磁场。 原始人问3：磁感线还间接反映了磁场的哪些特点？ 活动3：对比条形磁体和蹄形磁体的磁感线分布，通过它们的共同点来研究磁场。	华夏：展示立体磁场动画，帮助学生建立立体磁场。 宇航员：通过文本阅读解决原始人的疑问3。 华夏：完成任务二，给出谜题所有提示	步形成立体磁场，并解决磁场方向和如何描述磁场。 2. 学生通过对比条形磁体和蹄形磁体的磁感线分布，完成结论3填空。 3. 给出谜题所有提示，活跃课堂气氛，但不公布答案

过程设计	学科活动与导学问题	课堂互动	设计意图
任务二	结论3： ① 在画磁感线的时候，磁感线_____（选填"能""不能"）相交。 ② 磁体外部，磁感线都是从磁体的_____极出发，回到_____极。（"北"出"南"进）。 ③ 磁感线的疏密程度表示磁场的_____。磁感线越密的地方磁场越_____，反之越弱。 ④ 磁感线上某一点的_____方向也表示该点的_____方向。 注意：某点的磁场方向可用该点小磁针静止时N极的指向表示，也可用该点的磁感线方向表示。 谜题第3步：给出所有提示。 谜·题 请你根据完成任务给出的提示，寻找最终答案。 看不见 摸不着　　　其外部 N→S 在周围 似条形　　　地理南 磁极北		
任务三	任务三：请宇航员解决原始人的疑问：什么是地磁场？（约5分钟） 导学3：通过查阅《神典》，帮助原始人完成下面填空。 填空1：地球是一个巨大的磁体，它的周围也存在着磁场_____场。 填空2：画出磁感线后，会发现地磁场的形状跟_____磁体的磁场相似。 填空3：地磁的北（N）极在地理（　）极附近，并不重合。这一现象最早是由我国宋代学者_____发现的。地理轴线和地磁轴线间的夹角称为磁偏角。 ☆挑战任务：请宇航员向原始人解释，为什么飞船开始没问题，偏偏在飞到原始星球的"北极"上空时出现问题？ 答：因为_____。 谜题第4步：猜测最终答案。	宇航员：完成填空。 华夏：投影答案。 华夏：回答核心问题，完成挑战任务。 宇航员：完成任务三，猜测谜题答案。 华夏：公布最终答案"地磁场"，并发奖品	1. 这部分内容简单，设计成填空题。学生自主阅读，完成导学填空。 2. 学生回答挑战任务，呼应核心问题

续 表

过程设计	学科活动与导学问题	课堂互动	设计意图
任务三	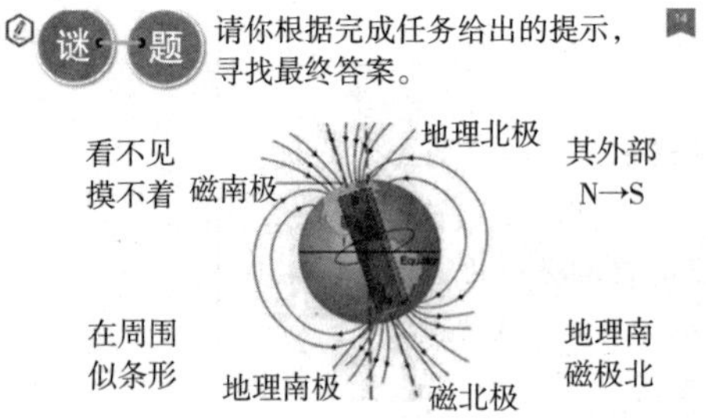 谜——题 请你根据完成任务给出的提示，寻找最终答案。 看不见 摸不着 磁南极 地理北极 其外部 N→S 在周围 似条形 地理南极 磁北极 地理南 磁极北		
小结任务	小结任务：利用下面"关键词"构建你的思维导图，总结学习收获。（约4分钟） 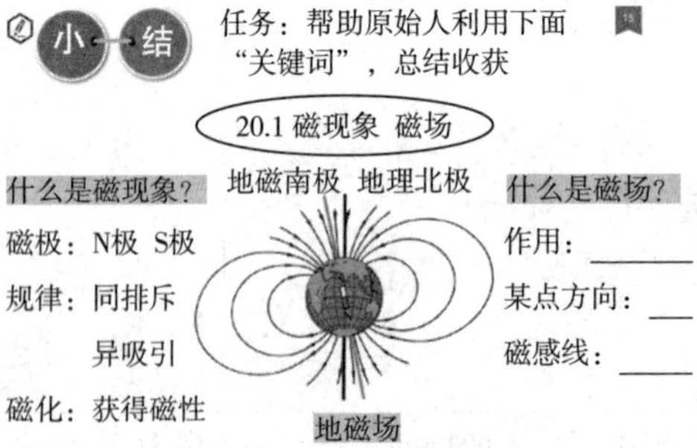 小——结 任务：帮助原始人利用下面"关键词"，总结收获 20.1 磁现象 磁场 什么是磁现象？ 地磁南极 地理北极 什么是磁场？ 磁极：N极 S极 作用：_____ 规律：同排斥 某点方向：_____ 异吸引 磁感线：_____ 磁化：获得磁性 地磁场	华夏：引导学生利用"关键词"导图，总结学习收获。 宇航员：完成收获总结，形成个人独特的知识体系	利用"关键词"导图，回应任务所提出的三个问题，使学生形成本节课的知识体系
测评任务	测评任务：协助原始人完成下面题目。（约5分钟） 1.（单选）如图所示，原始人将一个新的条形磁体用布包裹起来靠近小磁针，并提出以下说法。小磁针黑色一端代表N极，你认为其中错误的是（ 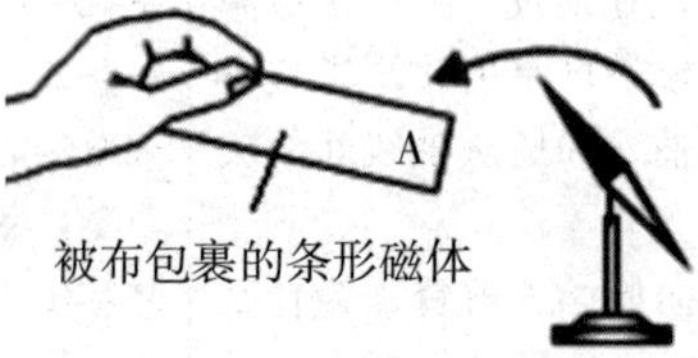 ）。 A 被布包裹的条形磁体 A. 条形磁体周围存在磁场 B. 小磁针因为受到条形磁体的磁场作用而转动	宇航员：完成测评任务。 华夏：投影答案。 参考答案： 1. C； 2. BC； 3. 略	学生通过测评任务，把知识转化为能力，形成核心素养。 重难点提示： 1. 通过单选题考查磁极间相互作用规律和磁场的存在。 2. 通过双选题考查磁场和磁感线。

续 表

过程设计	学科活动与导学问题	课堂互动	设计意图
测评任务	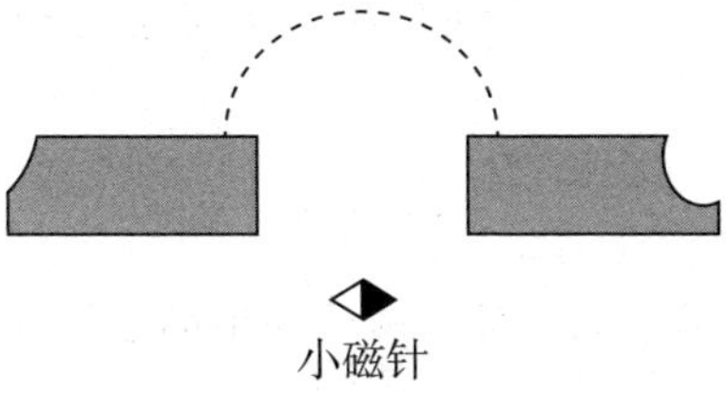 C. 条形磁体A端是N级 D. 条形磁体A端是S级 2.（双选）原始人对下列有关磁场和磁感线的论述中，正确的是（ ）。 A. 磁极间相互作用是通过磁感线发生的 B. 磁体周围的磁场是真实存在的，磁感线不是真实存在的 C. 磁体外部的磁感线从它的N极出发，回到它的S极 D. 磁场中某点的磁场方向是由放在该点的小磁针N极的指向决定的 3.（1）如图甲所示，请帮助原始人用箭头标出A点的磁感线方向，涂黑小磁针N极。 （2）如图乙，原始人分别画出了两个靠近的磁体的一个磁极和这两个磁极间的一条磁感线。请根据图中小磁针N极的指向，帮助原始人标出磁体的N、S极及磁感线的方向。 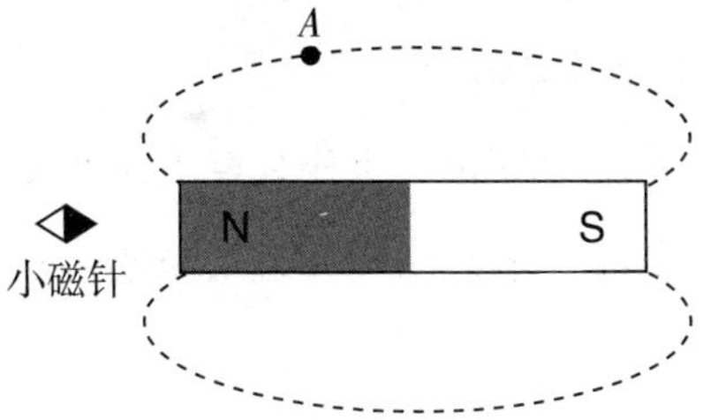 A 小磁针　N　S 甲 小磁针 乙		3. 通过作图题考查磁感线和磁场方向

附：

【学习目标】

1. 了解简单的磁现象。

2. 通过探究活动认识磁场。（重点、难点）

3. 知道地磁场。

【素养形成】

任务一：请宇航员解决原始人的疑问：什么是磁现象？（约6分钟）

问题1：磁体能够吸引_____等物质。什么是磁体的磁极？

答：它的吸引能力_____的两个部位叫作磁极。能够自由转动的磁体，_____时指南的那个磁极叫作_____，用字母_____表示，指北的那个磁极叫作_____，用字母_____表示。

问题2：磁极间相互作用的规律是：同名磁极相互_____，异名磁极相互_____。

问题3：什么是磁化？了解磁化对物体有什么影响。

答：一些物体在_____的作用下会获得磁性，这种现象叫作磁化。

任务二：请宇航员解决原始人的疑问：什么是磁场？（约20分钟）

探究活动：请宇航员完成下列探究活动。

原始人问1：两个磁极之间并没有接触，为什么会发生相互作用？

活动1：用条形磁体靠近演示板，观察磁针的运动状态。思考：磁针的运动状态为什么会改变？

结论1：

① 磁针受到_____的作用，说明磁体的周围存在某种物质。这种看不见、摸不着的物质，我们称之为_____。

② 磁极间的相互作用也是通过_____发生的。

原始人问2：磁场看不见，摸不着。那么磁体周围的磁场是怎样的？

活动2：尝试通过间接手段，建立一种描述磁场的模型【模型法】。

① 请你想象：条形磁体周围的磁场是怎样的？用语言向原始人描述。

② 观察演示板内的磁针排列情况，告诉原始人是否有规律？

把条形磁体平放在演示板中间，观察磁针排列情况。现在有规律吗？

思考：如何利用磁针的排列规律间接地描述磁场，从而建立一种磁场的模型？

两个重要概念：

磁场方向：物理学中把小磁针在磁场中静止时，_____极所指的方向规定为该点磁场的方向。

磁感线：把磁针在磁场中的排列情况，用假想的一些带_____画出来，这样的曲线叫作磁感线。

③ 不看课本，把条形磁体周围的磁针排列规律描绘在下图，并向原始人展示。

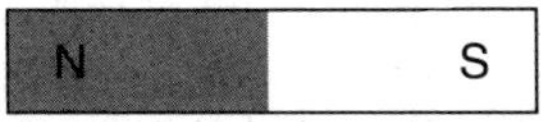

④ 整理实验器材，再次向原始人描述条形磁体周围的磁场是怎样的？

结论2：

① 磁场是真实存在的，磁感线_____（选填"也是""不是"）真实存在的。

② 不同形状的磁体周围的磁场各不相同，磁感线可以_____的描述它们的磁场。

原始人问3：磁感线还间接反映了磁场的哪些特点？

活动3：对比条形磁体和蹄形磁体的磁感线分布，通过它们的共同点来研究磁场。

结论3：

① 在画磁感线的时候，磁感线_____（选填"能""不能"）相交。

② 磁体外部，磁感线都是从磁体的_____极出发，回到_____极。（"北"出"南"进）。

③ 磁感线的疏密程度表示磁场的_____。磁感线越密的地方磁场越_____，反之越弱。

④ 磁感线上某一点的_____方向也表示该点的_____方向。

注意：某点的磁场方向可用该点小磁针静止时N极的指向表示，也可用该点的磁感线方向表示。

任务三：请宇航员解决原始人的疑问：什么是地磁场？（约5分钟）

填空1：地球是一个巨大的磁体，它的周围也存在着磁场_____场。

填空2：画出磁感线后，会发现地磁场的形状跟_____磁体的磁场相似。

填空3：地磁的北（N）极在地理（　　）极附近，并不重合。这一现象最早是由我国宋代学者_____发现的。地理轴线和地磁轴线间的夹角称为磁偏角。

☆挑战任务：请宇航员向原始人解释，为什么飞船开始没问题，偏偏在飞到原始星球的"北极"上空时出现问题？

答：因为_____。

【素养转化】

小结任务：利用下面"关键词"构建你的思维导图，总结学习收获。（约4分钟）

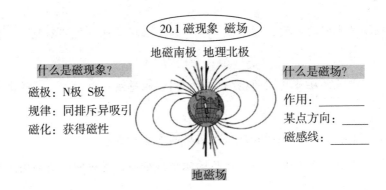

【素养落地】

测评任务：协助原始人完成下面题目。（约5分钟）

1.（单选）如图所示，原始人将一个新的条形磁体用布包裹起来靠近小磁针，并提出以下说法。小磁针黑色一端代表N极，你认为其中错误的是（　　）。

A. 条形磁体周围存在磁场

B. 小磁针因为受到条形磁体的磁场作用而转动

C.条形磁体A端是N级

D.条形磁体A端是S级

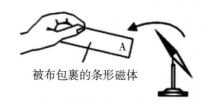

被布包裹的条形磁体

2.（双选）原始人对下列有关磁场和磁感线的论述中，正确的是（　　　）。

A.磁极间相互作用是通过磁感线发生的

B.磁体周围的磁场是真实存在的，磁感线不是真实存在的

C.磁体外部的磁感线从它的N极出发，回到它的S极

D.磁场中某点的磁场方向是由放在该点的小磁针N极的指向决定的

3.（1）如图甲所示，请帮助原始人用箭头标出A点的磁感线方向，涂黑小磁针N极。

（2）如图乙，原始人分别画出了两个靠近的磁体的一个磁极和这两个磁极间的一条磁感线。请根据图中小磁针N极的指向，帮助原始人标出磁体的N、S极及磁感线的方向。

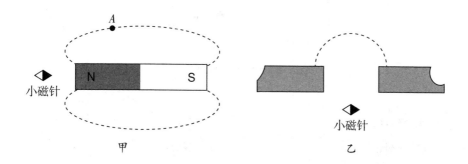

甲　　　　　　　　　　　　　乙

【素养提升】

家庭任务：先用5分钟快速阅读物理课本本节内容，再完成下面题目。

1.（单选）原始人的下面说法中，不正确的是（　　　）。

A.物体具有吸引任何轻小物体的性质叫磁性

B. 磁极间的相互作用是：同名磁极相互排斥，异名磁极相互吸引

C. 磁体上磁性最强的部分叫磁极

D. 任何一个磁体都有两个磁极

2. （单选）关于磁体、磁场和磁感线，原始人的以下说法中正确的是（   ）。

A. 铁和铝都能够被磁体所吸引

B. 磁感线是磁场中真实存在的曲线，可以相交

C. 磁体之间的相互作用是通过磁场发生的

D. 磁感线从磁体的S极出来，回到磁体的N极

3. （单选）在地球表面某位置，原始人发现能自由转动的小磁针静止时，N极指向地面。该位置可能是（   ）。

A. 无法确定   B. 地理南极附近

C. 地理北极附近   D. 赤道附近

4. （双选）原始人在马蹄形磁铁周围放置a、b、c、d四只可以自由转动的小磁针，如图所示，小磁针黑色一端代表N极，其中画错的是（   ）。

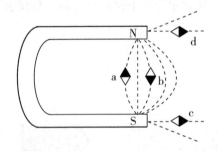

A. 磁针a   B. 磁针b

C. 磁针c   D. 磁针d

5. 下面两图，原始人分别画出了两个靠近的磁体的一个磁极和这两个磁极间的磁感线。请帮助原始人继续在图中标出磁极的名称，画出位于图中A点和B点的小磁针静止时北极所指的方向。

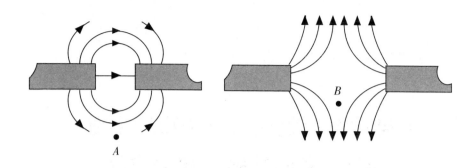

6. 从下面两图，你能得出什么结论？和原始人比一比，看看谁写得最多。

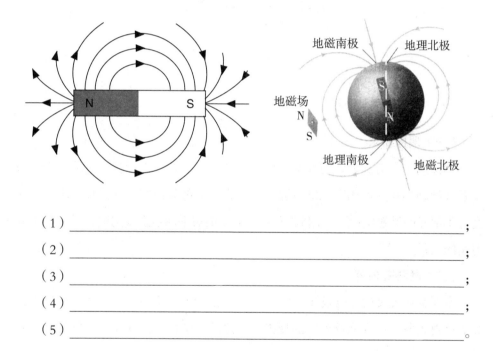

（1）_____；

（2）_____；

（3）_____；

（4）_____；

（5）_____。

人民教育出版社八年级物理上册：
4.2《光的反射》教学设计

人大附中深圳学校　　刘海波

一、教学任务分析

（一）课标要求

本课属于《义务教育物理课程标准（2022年版）》中课程内容第二个一级主题"运动和相互作用"二级主题"声和光"的部分内容。新课标要求："探究并了解光的反射定律"，例5探究并了解光束在平面镜上反射时，反射角与入射角的关系。

（二）教科书内容

本课选自人民教育出版社《物理》八年级上册第四章第2节，主要内容有：光的反射现象，探究光反射时的规律，光路的可逆性，镜面反射和漫反射，光的反射定律的应用。

（三）地位和作用

光的反射定律是继光的直线传播规律之后的又一重要规律，它是光的直线传播的延伸，又是后面理解平面镜、球面镜的基础，在光学中起到了承上启下的作用。探讨的是光在直线传播中的过程中遇到两种介质的分界面时导致传播方向发生变化返回原来介质中那条光线所遵循的规律。光的反射在生产生活中也有重要的应用。

（四）学情分析

通过上节课《光的直线传播》的学习，学生已经知道"光在同种均匀介质中沿直线传播""小孔成像"等光学现象。光的反射是常见的自然现象，同时由于家庭教育等，学生对光的反射现象并不陌生，也可能对光的反射定律有所了解。但是在八年级第一学期，学生缺乏立体几何知识储备，对平面几何也仅有简单的认识，他们对反射光线和入射光线之间的空间关系、法线的作用的理解是有困难的。所以说，学生即使对光的反射定律有了解，其也仅限于表层认识或机械记忆。因此，本节课采用"情景—活动"的教学模式，学生通过感受现象、演示实验、分组实验探究等，在感受反射光线和入射光线之间的空间关系的基础上，知道反射光线和入射光线所在平面与反射面垂直，并进一步认识到法线的作用，最后理解光的反射定律。

基于以上分析，本节课的教学重点是"光的反射定律"。由于学生缺乏对三维空间中线和面关系的认识，因此"引入法线"是本节课需要突破的教学难点。本节课的教学要求学生主动参与，在观察现象、探究交流等过程中，感受观察、猜想、推理等透过现象看本质的思维方法，在此过程中逐步实现由自然常识向物理的学习转变，并由此体验物理的学科魅力和学习乐趣。

二、教学目标

（一）物理观念

了解光的反射现象，了解法线、入射角、反射角的含义。通过身边的事例和实验现象，能区分镜面反射和漫反射。

（二）科学探究

通过实验探究认识光反射时的规律；通过实验了解反射现象中光路的可逆性。

（三）科学思维

在同一个平面上建构光的反射模型；引导学生通过实验寻找证据，归纳总结出一般性的规律。

（四）科学态度与责任

充分利用塔式光热发电、潜望镜的工作原理、科学家利用角反射器测量地月距离等，让学生体会科学家所取得的成就及其物理发现对社会发展的贡献。

三、教学重难点

教学重点：光的反射定律。

教学难点：引入法线。

四、教学资源

演示实验器材：立体光路演示仪，光的反射旋转实验箱，自制潜望镜模型等。

学生实验器材：透明塑料纸、激光笔、平面镜、红黑记号笔、小镜子、学习活动卡。

其他设备：自制教学PPT、多媒体投屏设备等。

五、教学流程

（一）教学流程图

教学流程图如图1所示。

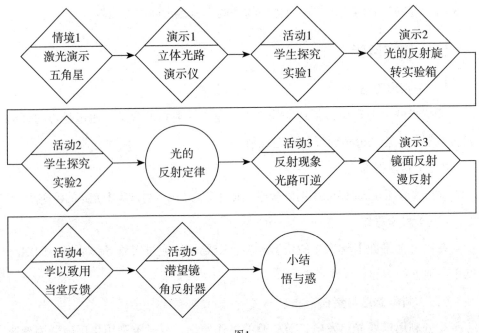

图1

（二）教学流程图说明

情境1

创设情境，引入新课：

通过杭州亚运会上五星红旗冉冉升起的情境，同学们平常都是用笔画出我们心目中的五角星，教师也可以用光"画"出五角星，颠覆学生的认知，激发学生学习的兴趣。见图2。

图2

演示1

教师用自制"立体光路演示仪"回顾光在同种均匀介质中沿直线传播，当光遇到物体的表面时，教师用喷雾器把光路显现出来，学生观察光路并描述光的反射现象。

活动1

学生用激光笔经过点S在透明塑料纸做出入射光，引导学生用平面镜将入射光反射后过点A，初步了解入射光线、反射光线、入射点、反射面的含义。并多次实验，用红黑记号笔做出对应的入射光线和反射光线，引导学生做出猜想：反射光线和对应的入射光线的位置分布有什么样的关系呢？学生将透明塑料纸上的反射光线和对应的入射光线对折重合，并用量角器测出对称轴和平面镜的角度，得出对称轴过入射点和镜面垂直，引出法线的含义。

引导学生将透明纸上的法线和课桌的棱重合，并沿着棱往下折，再次打开激光笔照射平面镜，看能否看到反射光线。引导学生意识到"反射光线和入射光线所在的平面"具有一定的规律。引导学生设计实验方案逐步探究反射光线、入射光线和法线在同一平面内。

演示2

教师利用自制光的反射旋转实验箱帮助学生理解三线共面（如图3所示），并引导学生得出反射光线和入射光线分别位于法线的两侧。

图3

活动2

探究实验，确定角度，学生通过探究实验研究反射角和入射角之间的大小关系，并最终得到完整的反射定律。

活动3

通过设计同桌利用平面镜互相看对方的眼睛小游戏，引出在反射现象中光路的可逆性。

演示3

通过小平面镜一字形规则排开和凹凸不平的无规则摆放，引出镜面反射和漫反射。

活动4

学以致用，当堂反馈，学生利用光的反射定律，帮助光热发电站的工程师们完成光学作图。

活动5

试一试，完成挑战一和挑战二，分别引出潜望镜和角反射器的工作原理，加强与生产生活、社会发展及科技进步的联系。

六、板书设计

4.2　光的反射

一、光的反射现象

二、光的反射定律

（1）反射光线、入射光线与法线位于同一平面。

（2）反射光线和入射光线分居法线两侧。

（3）反射角等于入射角。

（4）光路可逆。

三、反射的分类：镜面反射和漫反射

四、光的反射定律应用

（1）潜望镜的工作原理。

（2）角反射器的原理。

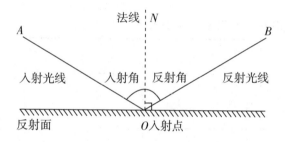

七、课后作业

动手做一做，晚上在桌子上铺一张白纸，把一块小平面镜放在纸上（如图4所示，镜面朝上），让手电筒的光正对着平面镜照射，从侧面看去谁更亮？

图4

附：

《光的反射》学习活动卡

一、想一想

反射光线和对应的入射光线的位置分布有什么样的关系呢？

二、探究反射角和入射角的大小关系

实验次数	1	2	3
入射角 （度）			
反射角 （度）			

三、学以致用

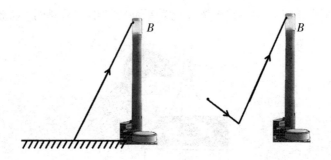

四、试一试

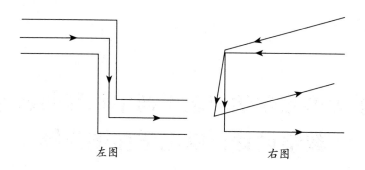

左图　　　　　　　　　　右图

挑战1：通过平面镜（数量自定），使得光线的传播方向发生如图所示的改变（用铅笔画出平面镜位置）（上左图）

挑战2：通过摆放平面镜的位置（数量自定），当有光线从任意角度射向时，它都能把光线"反向原路射回"（用铅笔画出平面镜位置）（上右图）

基于大单元教学理念下初中物理问题导学教学设计：以电学作图为例

——以电学作图为例（三轮复习课）

深圳市蔡涌中学　徐丹丹

一、单元学习内容

序号	课标要求	核心素养呈现维度	编写意图	编写特点
1	了解电流周围存在磁场及通电螺线管外部磁场的方向	物理观念 科学思维 科学探究	1. 知道建构模型是物理研究的重要方法，能运用物质的磁性、导电性等知识，进行电路设计，并作出解释。 2. 体会物理学对人类生活和社会发展的影响。 3. 具有对电与磁知识的学习兴趣和严谨认真、实事求是的科学态度。 4. 关心我国现代科技成就（航天、高铁等），为中华民族的科技成就感到自豪，逐步养成实现中华民族伟大复兴的责任感与使命感	1. 科学引导、循序渐进实施课堂实践。布置适当的预习任务，引导学生提前了解活动的流程和要求，以及所需知识、方法和设备等。 2. 进行合理分组，使学生互相取长补短、共同完成活动。 3. 充分利用科学史料，培养学生的科学态度与社会责任感。将我国航天、高铁等相关科技成就引入课堂
2	会看、会画简单的电路图	物理观念 科学思维		
3	了解家庭电路的组成	物理观念		
4	有安全用电和节约用电的意识	科学态度与责任		
5	结合实例，了解新材料的研发与应用对社会发展的影响			

二、单元学情分析

整体分析
电磁学作图作为中考重点考查的一种题型，既是学生对电路元件符号、电路连接的知识应用，又是对欧姆定律、电与磁关系的知识拓展与延伸。让学生学会规范作图是本单元的教学重点，而让学生根据实际要求进行电路设计是本单元的教学难点

障碍分析
学生规范作图答题不够严谨、审题不够仔细，如不用直尺作图、分流支路不着重画节点、要求做出电流方向却画出磁场方向等，导致学生作图题得分率不高

基于核心素养导向的分析	
物理观念	学生对电与磁的关系、欧姆定律、电路元件已有了初步的认识，但对综合应用（如电磁继电器的工作原理）的理解还存在较大差距
科学思维	有一定应用数学方法研究物理问题与模型建构的能力，对图像有基本的分析方法，具有简单逻辑分析能力，但结合实际生活中的电路设计（各用电器独立工作——并联）等问题还需进一步提升能力
科学探究	学生会用电流表、电压表、刻度尺，具有初步的实验操作能力，如记录、分析数据、获得结论，但仍然缺乏自己设计实验电路图的能力
科学态度与责任	有一定的学习物理的兴趣，但对物理学特有的实验探究和科学思维结合的研究方法还需要通过实验加强体会，需对实际生产生活中科技产品的简单电路多加关注

三、本课时教学过程

教学环节	教师活动	学生活动	设计意图
基础知识回顾	教师设问： 1. 电路分为几个基本组成部分? 2. 电学符号的基本构成。 3. 画电路图的基本要求。 4. 家庭电路的连接原则	学生回顾电学基础知识，填写基本电学符号表格 电路元件 / 实物图 电池 开关	回顾电学基础知识，为后面电路连接、电路设计做好基本知识准备

续 表

教学环节	教师活动	学生活动	设计意图
基础知识回顾		<table><tr><td>电路元件</td><td>实物图</td></tr><tr><td>灯泡</td><td></td></tr><tr><td>电阻</td><td></td></tr><tr><td>滑动变阻器</td><td></td></tr><tr><td>电铃</td><td></td></tr><tr><td>电压表</td><td></td></tr><tr><td>电流表</td><td></td></tr><tr><td>电动机</td><td></td></tr><tr><td>交叉相连导</td><td></td></tr></table> 总结：学习过的电学元件符号列表……	

教学环节	教师活动	学生活动	设计意图
简单电路设计——开关串并联问题	教师设问提出原始问题： 1. 设计电路，利用两个开关实现开关都闭合灯泡才工作? 2. 设计电路，利用两个开关实现任意一个开关闭合灯泡都能工作? 引导学生解决生活场景问题：思考生活中什么场景或用电器运用到这两种电路，并设计楼道开关。 教师设问提出原始问题： 	学生设计简单电路。 1. 2. 3. 4. 用NOBOOK验证电路设计是否合理。 学生分析得出三个电路工作特点： 	通过物理原始问题，再过渡到实际生活问题，给学生解决复杂问题搭支架的同时，也培养学生思考问题、解决问题的思维习惯。 运用并列对比的方法，在学生分析简单三种电路工作的物理原始问题的基础上，让学生对比设计电吹风电路，培养学生知识迁移能力和创新思维能力

185

续 表

教学环节	教师活动	学生活动	设计意图
简单电路设计——开关串并联问题	引导学生分析这三种电路工作时的特点。 问题：思考生活中什么场景或用电器运用到以上电路，并设计电吹风电路	 设计电吹风电路。 用NOBOOK验证电路设计是否合理	
简单实物图连接——滑动变阻器动态电路问题	教师提出原始问题：引导学生根据电路参数选择电表量程，根据实验要求选择滑动变阻器接线柱	回顾实验题中常出现的修改电路： 	教师在引导同学们根据电学相关物理量计算和动态电路知识运用的同时，也进行电学实物图连接的复习

续 表

教学环节	教师活动	学生活动	设计意图
简单实物图连接——滑动变阻器动态电路问题	解决实际生活中的动态电路问题——设计身高测试仪电路	学生利用欧姆定律计算出小灯泡额定电流，选择电流表量程，回顾滑动变阻器相关知识，将滑动变阻器正确连入电路 $M \quad P \quad R \quad S_1$	知识迁移，解决实际问题
多挡位电路设计——开关动态电路问题	教师提出原始问题：把两个相同的定值电阻，如右连接方式接入同一个电路中，按照总功率大小判断挡位。 进阶问题：用一个电池组、一个开关（普通开关或单刀双掷开关）、两个相同的定值电阻设计电路，使通过开关断开与闭合，改变电路中的总功率。 实际问题：设计双温电炉电路	学生分组讨论，利用电功率公式判断挡位。 $R_1 \quad R_2$ 低温 R_1 中温 R_1 R_2 高温	从原始问题到进阶问题，再到解决实际生活问题的教学设计思路，激发和唤醒了学生的学习兴趣，让学生在具有挑战性的真实情境中，体验知识的形成过程，把握知识间的联系，让思维从借鉴、传承到质疑、批判、创新，实现核心素养真正落地

教学环节	教师活动	学生活动	设计意图
多挡位电路设计——开关动态电路问题		学生分组设计，完成表格 下表 设计双温电炉电路。	

学生分组设计，完成表格

电路图	高温挡	低温挡

设计双温电炉电路。

续 表

教学环节	教师活动	学生活动	设计意图
拓展应用	教师引导学生从电学电路设计的角度,思考力学中气筒阀门的设计	设计气筒阀门。 	将力学和电学知识对比联系,实现了知识体系有机结合,真正落实了大概念、大单元的教学
课堂总结	教师引导学生总结电学作图基本考查方向以及电路设计基本思路	总结电学作图考查方向,回顾电路设计基本思路	总结回顾本节知识,升华本节课教学重点——电路设计
作业设计	1.完成抽水机阀门作图。 2.结合电与磁的相关知识,完成模拟心脏系统作图		

基于问题导学的跨学科教学设计：拦河坝

深圳市红岭教育集团大鹏华侨中学　高雄武

一、主题（单元）设计

（一）主题（单元）名称

拦河坝。

（二）主题（单元）学习活动学时

共2学时。

（三）主题（单元）涉及学科

本主题取材于人教版初中物理八下第九章"压强"。拦河坝的设计施工，除了涉及物理学科知识以外，还涉及工程力学、材料学、社会经济学等学科，以及还要考虑节能环保、安全等相关因素。

（四）主题（单元）设计说明

依据《义务教育物理课程标准（2022年版）》要求，物理跨学科实践包含物理学与日常生活、物理学与工作实践、物理学与社会发展三个二级主题。本章学习的是压强的知识，在学习完压强的定义与相关计算、液体压强及其特点之后，教材在"动手动脑学物理"部分提出了一个问题："工程师为什么要把拦河坝设计成下宽上窄的形状？"意图说明液体压强的一个重要特征：液体内部的压强随深度的增加而增大。然而事实上，拦河坝的这种设计涉及诸多因素，液体压强的这一特征并不是主导设计的主要考量因素。因此，本人认为，就拦河坝的设计，在这里安排一节跨学科实践课是非常有意义的。通过本项目，可以让学生在实践过程中体会到物理学与日常生活的关系密切，明白物理学与工程实践一脉相承，理解物理学与社会发展息息相关。

（五）主题（单元）学习活动目标

物理观念：深刻认识液体压强的特点，会综合运用压强、重力与重心、摩擦力、杠杆平衡条件、受力分析等知识解决拦河坝的问题。

科学思维：通过构建拦河坝的模型进行分析推理，会用所学物理知识对拦河坝进行分析论证，敢于对权威提出质疑和批判，学会为自己提出的观点收集证据。

科学探究：体验科学探究的过程，牢固树立观点需要充分的证据来支持的思想，能对别人探究过程进行评估和反思。

科学态度与责任：通过对拦河坝的讨论，培养乐于思考与实践，敢于探索的习惯，树立尊重自然、实事求是的态度，建立安全意识，践行健康生活。

工程思维：通过拦河坝的项目，体验讨论与设计、模型制作、作品评价几个工程设计过程，体会系统分析和比较权衡的工程思维，了解工程思维的系统性和指向性。

（六）主题（单元）学习评价设计

综合相关学者的评价思想和量表的分析，本课程建立评价表，见表1。

表1

一级指标	二级指标	描述	分值	评分
问题 解决表现 （50分）	物理观念	体现重要概念、方法、思想观念	10	
	迁移性判断	直接借用？借鉴使用？近距迁移或远距迁移	10	
	变通性判断	是否单一方案？是否灵活调整	10	
	独创性判断	独特想法？独特做法？巧妙方法	10	
	完成度判断	是否完成？完成度多少	10	
实践 物化呈现 （20分）	效果判断	效果是否明显？持续性如何？影响力如何	10	
	成本判断	时间成本，财力成本，人力成本多少？是否符合环保要求	10	

续表

一级指标	二级指标	描述	分值	评分
价值 体认践行 （30分）	民族认同	为我国古代科技发明感到自豪，体会物理学对人类生活、工程实践和社会发展的影响。	10	
	责任担当	具有节能环保、促进可持续发展的责任感。	10	
	生活态度	乐于思考与实践，敢于探索，勇于创新，具备安全意识，践行健康生活。	10	
总评		□优秀□良好□一般□失败	总分	

（七）主题（单元）学习活动环境

课堂学习环境：以小组为单位进行讨论和探究活动，每个小组有一些简单的探究材料，如土壤、纸板、文具等。全班共用一个多媒体教室，主要提供教师提前准备的课件和资源，必要时可提供网络搜索。

课后学习环境：包括网络、图书馆等作为资源库，常规生活用品作为材料库，亲友团作为人力资源库。

（八）主题（单元）学习活动/任务设计

活动1　提出问题：为什么拦河坝设计成上窄下宽？

活动2　反面论证：分析无水压路基的形状。其中包括学生实验：堆土堆；小组活动：讨论桥墩底座的作用。

活动3　正面认证之一：拦河坝如何防止渗水。拦河坝如何能防止上游的水渗漏。其中包括小组活动：讨论土坝如何防止渗水；小组活动：分析混凝土拦河坝的薄弱环节。

活动4　正面认证之二：拦河坝如何抵抗水的压力。其中包括小组活动：作图分析土坝的压力、讨论混凝土的设计思路。

活动5　小组任务：设计一个混凝土拦河坝。

活动6　设计作品展示。学习小组派代表展示设计成果、答辩。

课后任务：自主选择完成以下任务之一。

（1）利用生活中的常用材料，制作一个拦河坝模型。

（2）查阅资料，了解常见的拦河坝类型，写一篇介绍拦河坝的说明文。

（3）拦河坝为什么上窄下宽？就此问题写一篇科学小论文。

活动7　作品（成果）组内交流评比。

活动8　代表作品（成果）展示与交流评价。

（九）主题（单元）作业设计

作业一

（以下三题任选一题）

1. 利用生活中的常用材料，制作一个拦河坝模型。

2. 查阅资料，了解常见的拦河坝类型，写一篇介绍拦河坝的说明文。

3. 拦河坝为什么上窄下宽？就此问题写一篇科学小论文。

作业二

1. 液体的压强随深度的增加而＿＿＿＿＿＿＿＿。滑动摩擦力的大小取决于＿＿＿和＿＿＿。

2. 以下结构中，最稳定的是（　　　）。

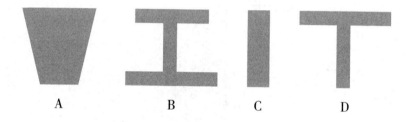

A　　　　　　B　　　C　　　　　D

3. 若水的压强与深度无关，则水压的等效作用点接近于下图中的（　　　）点。而事实上，由于水压随着深度的增加而增大，水压的等效作用点接近于下图中的（　　　）点。

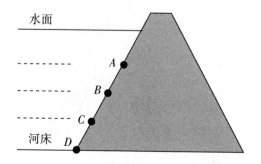

4.分析与作图题：

（1）请在土质拦河坝迎水面大致作出水对大坝压力的作用点，然后做出水对大坝的作用力的示意图。

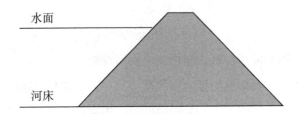

（2）某同学设计的混凝土拦河坝截面如图甲所示，图中点A是上游水体对大坝的压力等效作用点，点B是大坝的重心，若以点O为支点，试在图中作出大坝的重力和所受水的压力的示意图，并作出它们各自的力臂。请问，此大坝存在哪些安全隐患？

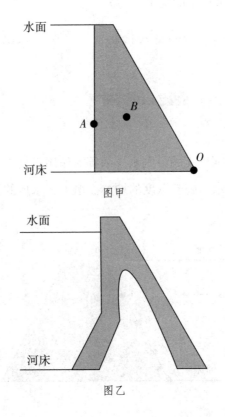

图甲

图乙

实际的混凝土拦河大坝常设计成如图乙的形状，请你分析，与图甲相比，图乙的设计有什么好处。

（十）主题（单元）教学结构图

主题（单元）教学结构图如图1所示。

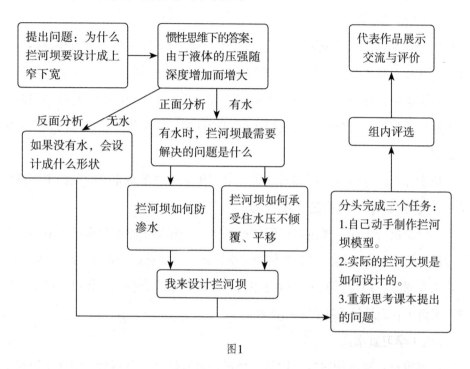

图1

二、学时设计

第1学时

（一）标题

拦河坝探究。

（二）教学内容分析

本课时内容涉及压强、液体压强、重力与重心、摩擦力、杠杆平衡条件、受力分析等知识，都是物理力学部分中需要学生重点掌握的知识，对培养学生运用所学知识分析和解决生产生活中的实际问题的能力有重要作用。

（三）学情分析

学生已经学习了大部分的力学相关知识，但大部分学生对知识的学习停留在识记和表层应用层面，知识的系统化和结构化尚未完成，深层理解和迁移应用知识的能力不足。

（四）学习目标

物理观念：深刻认识液体压强的特点，会综合运用压强、重力与重心、摩擦力、杠杆平衡条件、受力分析等知识解决拦河坝的问题。

科学思维：通过构建拦河坝的模型进行分析推理，会用所学物理知识对拦河坝进行分析论证，敢于对权威提出疑问和批判，学会为自己提出的观点收集证据。

科学探究：体验科学探究的过程，牢固树立观点需要充分的证据来支持的思想，能对别人探究过程进行评估和反思。

科学态度与责任：通过对拦河坝的讨论，培养乐于思考与实践，敢于探索的习惯，树立尊重自然、实事求是的态度，建立安全意识，践行健康生活。

工程思维：通过拦河坝的讨论和设计，体会系统分析和比较权衡的工程思维，了解工程思维的系统性和指向性。

（五）学习重难点

学习重点：通过构建拦河坝的模型进行分析推理，会用所学物理知识对拦河坝进行分析论证。

学习难点：从不太熟悉的工程技术领域中发现和提炼出问题的本质，应用已学物理知识分析和解决问题。

（六）学习评价设计

学习评价设计指标分为两级，一级指标有三个，分别是：①问题解决表现，占50%，分物理观念、迁移性判断、变通性判断、独创性判断、完成度判断五个二级指标；②实践物化呈现，占20%，分效果判断、成本判断两个二级指标；③价值体认践行，占30%，分民族认同、责任担当、生活态度三个二级指标。

整个评价设计重点观察学生在跨学科实践过程中的思维过程和表现，同时注重实践效果和科学态度与责任。学习活动设计见表2。

表2

环节名称	教师活动	学生活动	设计意图	时间
提出问题	请大家阅读课本第38页第4题,思考:工程师为什么要把拦河坝设计成下宽上窄的形状	思考后回答:因为水的压强随深度的增加而增大,所以拦河坝要设计成下宽上窄的形状。 个别学生有疑问	提出问题,引发思维冲突	1
反面论证:分析无水路基的形状	(展示一张土质路基图片)请大家观察,这条路的路基截面是什么形状	学生活动:堆土堆实验,观察土堆形状	通过实验探究寻找规律	3
	问:为什么会呈这种形状	学生观察,总结,分组讨论寻找原因	用物理知识解释生活现象	1
	再问:如果用混凝土来建造,情况又会如何(展示混凝土桥墩照片)	观察:有的没有明显上窄下宽	引导学生发现问题	
	提示:再仔细观察,桥墩是不是一个柱形? 问:底座起什么作用	再观察:桥墩底部有底座。 小组讨论、动手活动,找出底座的两大作用: 1.增大受力面积,减小压强,防止地面下陷。 2.增加桥的稳定性	综合运用固体压强、重心等知识分析和解决实际问题,锻炼知识迁移和解决问题的能力	4
正面论证之一:分析拦河坝如何防止渗水	问:与路基相比,拦河坝的设计还要注意什么	讨论:要防止渗水;要防止水把大坝压垮	分析实际问题,提高推理能力	1
	首先,我们一起来解决渗水问题。土坝和混凝土坝,谁更容易渗水	答:土坝	引出下一环节	3
	是的,有句话叫:千里之堤,毁于蚁穴。那如何才能防止渗水呢	小组进行讨论。最后总结出三类方法:①覆盖防水层。②碾压、拍打等让土质更紧实。③定期维护,一旦发现问题及时修补	结合生活经验和物理知识解决实际问题。 渗透工程思维——为解决实际问题而设计	
	郑州给河道贴瓷砖是不是为了防止渗水	有了解情况的同学回答:不能,那是装饰用的,不能防水	结合新闻热点活跃气氛	1

续 表

环节名称	教师活动	学生活动	设计意图	时间
正面论证之一：分析拦河坝如何防止渗水	是的，那是景观工程，不是防渗水用的。至于是否浪费资源，还要看进一步的报道，我们不要随便做评论，人云亦云		科学态度，实事求是的精神	
	那么，混凝土的防渗能力怎么样	混凝土那么坚固，防渗肯定不成问题	工程材料的物理特性	3
	混凝土建成的拦河坝也有薄弱环节，你们知道在哪里吗	分析讨论：坝与河床底部、坝与河两岸、坝体各个组件之间的连接缝防渗性都比较弱，需要重点加固	发散思维，全面细致的洞察力，工程思维的系统性	
正面论证之二：分析拦河坝如何抵抗水的压力	接下来我们研究下一个问题：大坝如能防止被水压垮呢？先看一下土坝怎么样	小组合作，通过作图进行分析，得出结论：上窄下宽的形状有利于抵抗侧面水压。迎水面坡度越小，大坝越稳固	运用力学受力分析和作图分析解决问题。物理知识和工程实践的结合	3
	那既然如此，混凝土坝是不是也可以建成土坝一样的形状呢	（七嘴八舌）：占地方！那要好多水泥哦！太费钱了！没必要	增强环保意识，会做经济考量。工程的系统性思维	1
	那如果要你来设计混凝土拦河坝，应该从哪些方面来考虑呢	小组讨论，找出几个考虑的方向：减少占地；减少材料成本；减少施工时间；保证坝体稳定性等	体验工程实践对项目评估的过程。工程的系统性思维	3
	请你们以小组为单位讨论设计一个混凝土拦河坝	小组合作进行设计混凝土拦河坝	体验小团队进行工程设计的过程	8
作品展示	请各小组展示作品	小组代表展示设计成果，并说明设计的出发点、实现方式、预期效果。可能有来自其他同学的质疑，做出相应回应	对作品的交流、评估和反思，体验工程设计的论证过程	10
小结	小结，布置作业	回顾总结	巩固学习成果	3

（七）板书设计

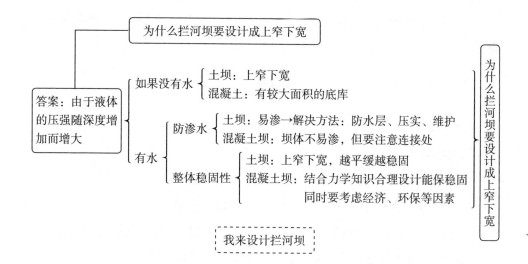

为什么拦河坝要设计成上窄下宽

答案：由于液体的压强随深度增加而增大

如果没有水
- 土坝：上窄下宽
- 混凝土：有较大面积的底库

有水
- 防渗水
  - 土坝：易渗→解决方法：防水层、压实、维护
  - 混凝土坝：坝体不易渗，但要注意连接处
- 整体稳固性
  - 土坝：上窄下宽，越平缓越稳固
  - 混凝土坝：结合力学知识合理设计能保稳固 同时要考虑经济、环保等因素

为什么拦河坝要设计成上窄下宽

我来设计拦河坝

（八）作业设计

作业：以下三题任选一题。

（1）利用生活中的常用材料，制作一个拦河坝模型。

（2）查阅资料，了解常见的拦河坝类型，写一篇介绍拦河坝的说明文。

（3）拦河坝为什么上窄下宽？就此问题写一篇科学小论文。

（九）教学反思和改进

根据新课标的要求，学生核心素养的培养应当贯穿物理教学活动的全过程。核心素养是基于学生终身发展和适应未来社会的基本素养建立的，不是仅靠某一个学科就能够培养的，而是需要借助多学科、多种知识和多种能力的共同作用。跨学科实践足以承载这一使命，更不能放弃这一使命，应该作为核心目标贯穿始终。因此，在跨学科实践的设计和实施过程中，始终要围绕如何培养学生的科学推理和质疑创新思维、运用知识分析和解决问题的能力、科学态度和社会责任感等方面来展开，不能回到单纯的学科知识记忆和训练的老路上。

与常规的物理课堂教学相比，初中物理跨学科实践活动的推进过程灵活度相当大。教师在课程设计时应该充分考虑学生的认知水平和身心发展的需要，流程不能死板固化，要开放有弹性。在实践活动中尊重学生的自主选择，把学生发展作为教学的中心，学生作为学习主体主动进行建构生成，不再仅凭外界信息单向灌输。学生在主动参与、亲自解决问题的过程中，学会科学思维，掌握运用知识分析和解决问题的方法，并重构自己的知识能力体系，核心素养得到逐步提升。

第2学时

（一）标题

拦河坝成果展示会。

（二）教学内容分析

（1）利用生活中的常用材料，制作一个拦河坝模型。

（2）查阅资料，了解常见的拦河坝类型，写一篇介绍拦河坝的说明文。

（3）拦河坝为什么上窄下宽？就此问题写一篇科学小论文。

（三）学情分析

经过上节课的学习，学生对拦河坝的设计有了一定的认识，相当一部分学生能从三道自选作业中选择一道完成。由于不是每名学生都做了全部选做作业，有必要让一部分代表在课堂上展示给全体学生，让全体学生都经历完整的体验。

（四）学习目标

给学生搭建一个平台，展示学生跨学科学习的成果。

物理观念：在展示、诘难、辩解中加深对相关物理知识的运用，构建自己的物理知识体系。

科学思维：学会客观评价事物，锻炼基于事实证据和科学推理对不同信息、观点和结论进行质疑和批判，予以检验和修正的能力。

科学探究：培养基于证据作出结论并作出解释的能力，提高交流、评估、反思的能力。

科学态度与责任：培养严谨认真、实事求是的品质，热爱自然、保护环境、遵守科学伦理的意识。

工程思维：通过拦河坝模型的评价、测试优化过程，体会系统分析和比较权衡的工程思维，体会工程思维的系统性和指向性。

（五）学习重难点

通过展示和评价活动锻炼学生能力，培养学生的核心素养。

（六）学习评价设计

学习评价设计指标分为两级，一级指标有三个，分别是：①问题解决表现，占50%，分物理观念、迁移性判断、变通性判断、独创性判断、完成度判断五个二级指标；②实践物化呈现，占20%，分效果判断、成本判断两个二级指标；③价值体认践行，占30%，分民族认同、责任担当、生活态度三个二级指标。学习活动设计见表3。

表3

环节名称	教师活动	学生活动	设计意图	时间
组内交流评比		小组内部互相交流，评选出最优成果准备到班级展示	工程思维的系统性。学习系统分析和比较权衡的工程思维	10
拦河坝模型展示与评价	安排3～5个作品上台展示	依次上台展示作品，介绍自己的设计思路：要解决哪些问题，采用了哪些手段和方法，达成效果如何。为其他同学解答疑惑、面对他们的诘难作出解释	在展示交流的过程中培养学生的核心素养	15
介绍拦河坝的说明文品鉴	安排2～3个学生展示	投影展示自己的文章，用自己的话概括性地介绍文章内容		8
拦河坝为什么上窄下宽的小论文品鉴	安排3～4个学生展示	投影展示自己的文章，说明自己的主要观点，与全班同学一起进一步探讨		12

（七）板书设计

成果展示会

1. 拦河坝模型展示

2. 介绍拦河坝的文章展示

3. 小论文欣赏

（八）作业设计

作业

1. 液体的压强随深度的增加而_____。滑动摩擦力的大小取决于_____和_____。

2. 以下结构中，最稳定的是（　　）。

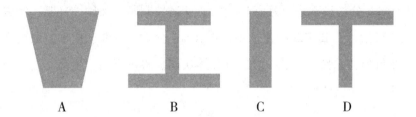

A　　　　　　B　　　　　C　　　　　　D

3. 若水的压强与深度无关，则水压的等效作用点接近于下图中的（　　）点。而事实上，由于水压随着深度的增加而增大，所以水压的等效作用点接近于下图中的（　　）点。

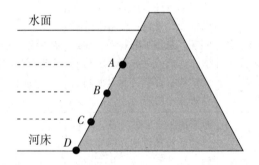

4. 分析与作图题：

（1）请在土质拦河坝迎水面大致作出水对大坝压力的作用点，然后做出水对大坝的作用力的示意图。

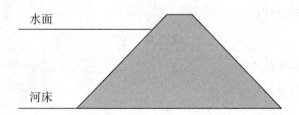

（2）某同学设计的混凝土拦河坝截面如图甲所示，图中点A是上游水体对大坝的压力等效作用点，点B是大坝的重心，若以点O为支点，试在图中作出大坝的重力和所受水的压力的示意图，并作出它们各自的力臂。请问，此大坝存在哪些安全隐患？

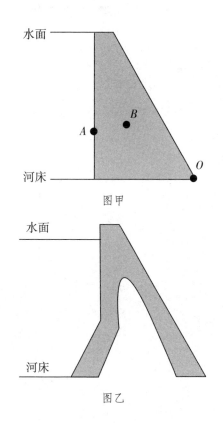

实际的混凝土拦河大坝常设计成如图乙的形状，请你分析，与图甲相比，图乙的设计有什么好处。

（九）教学反思和改进

教师由于反复地接触学科知识和学科问题，容易形成思维定式，容易局限于常规的理解，从而失去发现问题的敏锐眼光。因此，在教学中教师要保持思维开放，防止思维固化，善于对常规性结论提出质疑，更要珍惜学生对常规性结论提出疑问的声音，不能一棍子打死。

　　不能望文生义，要理解跨学科实践的本质。跨学科实践中的"实践"指明了学习内容应该是有实际意义和实践性的新内容，不能将其简单地理解为"知识的应用"，让跨学科实践浅表化，无法真正"跨出去"。另外，在安排和组织跨实践的过程中，还是要回到学科本位，体现物理概念、物理思维，培养核心素养，不能只注重形式，一味往外面跨，结果看似热热闹闹，内容却游离于学科之外，"回不来"。